J新書 12

相手変われば言い方変わる
敬語から**スラング**まで くらべてわかる 英会話

リアルフレーズ450

マイケル・クリチェリー
Michael Critchley

Jリサーチ出版

読者へのメッセージ

　おそらく本書は、これまでに皆さんが読まれたどの英会話フレーズ集とも異なるものと思います。ここには"正しいけれど不自然な教科書英語"ではなく、**ネイティブスピーカーの間で実際に使われている表現**のみを収録し、**本当の使い方・使われ方**を示しています。

　私たちは、言葉遣いを相手や状況によってさまざまに使い分けています。これは日本語も英語も同じです。例えば職場で間違いを指摘する時に、相手が上司であれば気を遣い、部下には率直に伝えるのが自然ですね。本書は**1つの伝えたい意思について、立場・関係・状況・気持ちに応じた5通りの表現を、"丁寧度"表示付きで見開き併記**しました。5通りのフレーズをくらべて、必要に応じて使い分けてください。

　本書のフレーズについて、いくつかポイントと留意点があります。まず、英語も日本語と同様に、**言葉遣いにはあなた自身の人柄が反映される**ということです。堅くて改まった話し方を好む人もいれば、オシャレな表現、面白い会話を好む人もいます。私自身は、フォーマルな場でも可能であればジョークを交え、くだけた話し方を好みます。それが"自分らしい"と感じるので、自分のくだけた性格に合った言葉や言い回しを選んでいるのです。本書のフレーズを使う時には、**どのような"自分"になりたいのかを考え、その自分に合ったフレーズを選んでください。**

　次に、日本語と英語では、丁寧度に関する決まりが異なるというこ

とも覚えておきましょう。**日本語の場合、言葉遣いは"話す相手"によって大部分が決まります。**会社で上司と話す時には、どんな話題でもほぼ必ず敬語を使いますね。しかし**英語の場合、"言動の内容"（何を伝えたいか）が言葉遣いに大きく影響します。**上司に何か頼みごとをする場合には、もちろん丁寧な表現を使います。しかし、仕事と関係のないフランクな会話であれば、上司に対してもくだけた言葉使いで構わないのです。私は職場では上司と、いつも非常にくだけた言葉使いで冗談を言い合っています。しかしその上司に何かを依頼するような時には、必ず"超丁寧"な言葉を選んで使います。"誰と話すのか"に加えて、"何を話すのか"も考慮してください。

　最後に、本書にはスラング（俗語・口語）が満載です。中には一般的な語学教材では絶対にお目にかかれないような、極めて失礼な表現や汚い言葉（卑語・罵り）も収録しています。なぜなら、**卑語・罵りはネイティブスピーカーの間で実際に使われている表現だからです。**特に若い世代を中心に、多くのネイティブはカジュアルな日常会話では多少の卑語を使うものです。また、映画の中にも卑語はあふれています。もし皆さんがカジュアルな会話・表現を本当に覚えたいと思うのであれば、これらの卑語を知っておいて損はありません。・・・とはいえ、この本を読んだらすぐに罵りを実践してみましょう、とお勧めしているのではないですよ。あくまでも、英語の豊かさを理解するための知識として学んでください。そしてあなたの人柄にピッタリで、ネイティブの友達に使えそうなお気に入りスラングを見つけたら・・・きっと活き活きとした会話を楽しめるはずです！

マイケル・クリチェリー

本書の利用法

1つの意思を、5通りの表現で見開き併記しています。相手との関係・状況・気持ちに応じて使い分けてください。

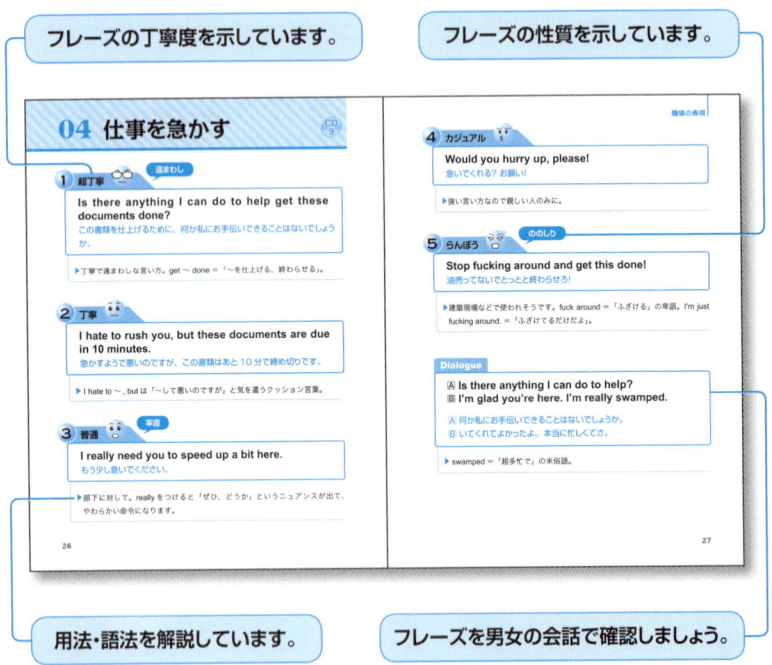

※本書収録のフレーズで、おもに男性が言うものは 男性 を、女性が言うものは 女性 を付けています。それ以外のフレーズは男女の両方とも使えます。

付属CDには、すべてのフレーズとDialogueが収録されています。ネイティブのイントネーションや言葉の感覚を耳からつかんでください。

各フレーズの丁寧度を、以下の5段階に分けています。

	超丁寧	おもにビジネスで使われる表現です。上司への応答、会議やプレゼンに便利です。堅くて遠まわしな響きがあるのでプライベートでは使わないほうがよいでしょう。
	丁寧	ビジネスに適しており、職場ではこれを使っておけば安全です。プライベートでも、見知らぬ人との会話や気を遣いたい相手との会話には便利です。
	普通	ごく一般的な言い方で、基本的にはいつでも使える表現です。状況や内容によっては立場が上の人にも使えるものもあります。
	カジュアル	親しい相手に使える、くだけた表現です。多くのスラング(俗語)が含まれ、相手に本音をぶつけたい時や気軽な会話をしたい時に便利です。左側のアイコンは親しみをこめて、右側のアイコンは不平や怒りなどに使います。
	らんぼう	粗野で激しい表現、ののしり言葉を使った罵声です。英語圏では日常でよく使われ、映画でもよく聞くフレーズですが、よほど親しい相手ではないかぎり自分からは使わないのが無難です。

※実際の会話における丁寧度とニュアンスは、状況や話し方によってさまざまに変わります。上記の表示は大まかな参考としてください。

フレーズの中には、左のように丁寧度の表示がないものもあります。これはフレーズが丁寧度とは関係がないこと、どんな相手にも使えることを示しています。

CONTENTS

読者へのメッセージ……………………………………………………………2

本書の利用法……………………………………………………………………4

イントロダクション　基本的な挨拶……………………………………11

第1章　職場の表現…………………………………………………………19

01　手伝いを頼む……………………………………………………………20

02　手伝いを引き受ける……………………………………………………22

03　締め切りに間に合わない………………………………………………24

04　仕事を急かす……………………………………………………………26

05　返事を催促する…………………………………………………………28

06　仕事が速い………………………………………………………………30

07　仕事が遅い………………………………………………………………32

08　間違いを指摘する………………………………………………………34

09　間違いを詫びる…………………………………………………………36

10　忙しい……………………………………………………………………38

11　休暇・休息を請う………………………………………………………40

12　有能な上司について……………………………………………………42

13　無能な上司について……………………………………………………44

14　ダメな新人について……………………………………………………46

15　遅刻した人へ……………………………………………………………48

16	売れ行き好調	50
17	売れ行き不調	52
18	給料が安い	54
19	たくさん稼いでいます	56
20	一緒に仕事ができてうれしい	58
21	再考をうながす	60
22	他社と競う	62
23	仕事ぶりをほめる	64
24	アイデアに興味を示す	66
25	計画に疑問を呈する	68
26	注意をうながす	70
27	わかりません	72
28	私の責任ではありません	74
29	組織を改革する必要がある	76
30	規則への不満	78
31	そりが合わない	80

ネイティブ目線の会話術① ……… 82

第2章 社交の表現　83

01	ホームパーティーに誘う	84

02	招待を受ける	86
03	乾杯	88
04	ファッションをほめる	90
05	業績好調を祝う	92
06	結婚を祝う	94
07	食事に誘う	96
08	飲みに誘う	98
09	勘定を払う（おごる）	100
10	トイレへ行く	102

ネイティブ目線の会話術② ……104

第3章　目的に応じた表現　105

01	感謝する	106
02	感謝に応える	108
03	詫びる	110
04	人をほめる	112
05	物・芸術をほめる	114
06	激励する	116
07	なぐさめる	118
08	賛成する	120

09	反対する	122
10	許可を求める	124
11	断る・拒否する	126
12	疑う	128
13	延期する	130
14	ののしる	132
15	運転中にののしる	134

ネイティブ目線の会話術③ 136

第4章 感情・感覚・体調を伝える表現　137

01	楽しい	138
02	気持ちがいい・気分がいい	140
03	喜び	142
04	感動	144
05	怒り	146
06	落胆	148
07	恥ずかしい	150
08	後ろめたい	152
09	驚き	154
10	おいしい	156

11 まずい	158
12 体調いろいろ	160
13 体重について	162
14 体調管理	164
ネイティブ目線の会話術④	166

第5章　恋愛の表現　　167

01 恋に落ちて	168
02 デートに誘う	170
03 誘いを受ける	172
04 誘いを断る	174
05 愛情表現いろいろ	176
06 結婚	178
07 別れを告げる	180
08 別れの理由	182
09 ふられて	184
10 すれ違い	186
11 仲直りする	188
12 もっと真剣に付き合う	190

イントロダクション
基本的な挨拶

挨拶には、相手と自分の雰囲気を決めるという重要な役割があります。フレーズと会話を学ぶ前に、まずはネイティブに対する一般的な挨拶をチェックしてみましょう。初対面の相手には少し丁寧に接した方がよいでしょう。相手の目を見ながら、良い姿勢で、力強く握手することが大事です。これは、相手が新しいCEOでも友達のボーイフレンドでも同じです。でも2回目以降は、相手とより打ち解けるためにも、親しみをこめたシンプルな挨拶の方がよいでしょう。ネイティブの友達から握手ではなくハグをされるようになれば、あなたの挨拶のスキルは相当レベルアップしている証拠です。

01 いつもの挨拶

1 丁寧

> **A Good morning. How are you today, ma'am?**
> A おはようございます。ご機嫌いかがですか、奥様。
>
> **B Just fine, thank you. How are you?**
> B とてもいいですよ、ありがとう。あなたは?

▶ 顧客や VIP など、自分より立場が強い相手やステータスの高い相手には最後に sir（男性）/ma'am（女性）の敬称を付け謙譲を表します。

▶ その他の表現：
Good evening, Mr. Stevens. How are you tonight?（こんばんは、スティーブンズさん。ご機嫌いかがですか）
I'm doing great, thanks. How about you?（元気ですよ、ありがとう。あなたは？）

2 普通

> **A Good afternoon. How is your day so far?**
> A こんにちは。調子はどうですか。
>
> **B It's going great, thanks.**
> B 順調ですよ、ありがとう。

▶ 「悪くないです／順調です」の意味で、**Not bad.** も使われます。

基本的な挨拶

▶その他の表現：

How are you doing today?（調子はどうですか）

Actually, it's going pretty good today. Thanks.（実は、今日はとってもいいんです。ありがとう）pretty = very。

3 カジュアル

A **Hey, what's up?**
A やあ、調子どう?

B **Not much. What's up with you?**
B 相変わらず。そっちは?

▶出会いの挨拶は、**Hi.**（どうも／やあ）から始めるのも一般的で昼夜を問わず使えます。親しい男性同士では Hey（やあ、よう）の後に「兄弟、相棒、仲間」を表す bro や buddy などを付け、**Hey bro!**（よう！）などと呼びかけます。

▶その他の表現：

Morning, dude! Wow, you're up early. Sleep well?（よう、おはよう！うわ、早いね。ちゃんと眠れたの？）dude は男性が男性に「よう、おい、なあ」という呼びかけ。

Yeah, like a baby. How about you? What's on the agenda for today?（うん、赤ちゃんみたいにスヤスヤ。そっちは？ 今日の予定は？）agenda は「（会議の）議題」の他に「（業務の）予定」の意味もあります。

02　初めて会う時の挨拶

1　丁寧

It's truly an honor to meet you, sir.
お目にかかれて光栄です。

2　普通

(It's very) Nice to meet you.
お会いできてうれしいです。（はじめまして。／よろしくお願いします。）

3　カジュアル

[Mike] Patty, this is Tom. Tom, this is Patty.
[Patty] Hi, Tom. How's it going? It's good to meet you.
[Tom] Yeah, you, too. How you doin'?
[Patty] I'm good, thanks.

[マイク] パティー、こちらはトム。トム、こちらがパティー。
[パティー] こんにちはトム、元気? よろしくね。
[トム] こちらこそ、よろしく。調子どう?
[パティー] うん、いい感じ。

03 偶然の出会い

1 丁寧

Mr. Critchley. What a pleasant surprise to see you.
クリチェリーさん。あなたに会えるなんてうれしい驚きです。

▶その他の表現：

Ms. Walker? I thought it was you. It's so very nice to see you again.（ウォーカーさん？ やっぱりあなたですね。またお会いできて本当にうれしいです）

2 普通

Well, hello. It's nice to see you again!
あ、これはこれは。またお会いできるなんて。

▶その他の表現：

Well, I don't believe my eyes. John! How have you been?（あら、信じられない。ジョンじゃないの！ 元気だった？）

3 カジュアル

Oh my God! It's great to see you!
あらまあ! 会えてうれしいわ!

▶その他の表現：

Duuuude! Long time no see, bro! How the hell have you been?（お〜！ 超久しぶりじゃんか、おい！ 何してたんだよ？）bro も dude と同様に男性が男性に「よう、おい」という呼びかけ。

04 別れ際の挨拶

1 丁寧

A I'm sorry, but I really must be going. It's been a pleasure.
A 申し訳ないのですが、そろそろ失礼させていただきます。お会いできてよかったです。

B Likewise. Enjoy the evening.
B 私もです。良い夜をお過ごしください。

▶その他の表現：
I don't mean to be rude, but I really have to get home. Thank you so much for your hospitality.（申し訳ないのですが、そろそろ家に帰ります。いろいろありがとうございました）hospitality =「おもてなし」。
You're more than welcome. I promise we'll have you over again soon.（いつでも大歓迎です。近いうちにまたお呼びしますから）have someone over =「（人）を自宅に招待する」。

2 普通

A I'm sorry, but I have to get going. Have a good day!
A 残念ですが、そろそろ行かないと。良い一日を!

B Yes, you too. Take care.
B あなたもね。ではまた。

基本的な挨拶

▶その他の表現：

Well, I'd better dash or I'll miss my flight.（さて、急がないと飛行機に遅れますので）dash =「急いで行く」。

OK, so long! Have a great trip.（はい、ではまた！ よい旅を）

3 カジュアル

A I gotta run. Catch you later.
A もう行かなくちゃ。またね。

B Yeah, see you around. Take it easy.
B うん、また。じゃあね。

▶その他の表現：

Yikes! I gotta jet. Talk to you later.（おっと！ 急がなきゃ。またね）jet の代わりに roll、fly、burn rubber なども使われます。どれも「急ぐ」の口語・俗語です。

Yeah, OK, get going. I'll see you tomorrow. Take it easy.（うん、じゃあ行ってらっしゃい。また明日ね。それじゃ）Take it easy. =「じゃあね」という意味で、別れ際の決まり文句。病気の人に言えば「無理しないでね」という軽い励ましになりますが、通常は特に意味をともなわず Good bye. と同様の意味・ニュアンスです。

挨拶のボディーランゲージ

▶英語圏における出合いの際のボディーランゲージには、握手、ハグ、頬へのキスがあります。頬へのキスは親愛を表す社交上の形式的なもので、どちらかといえば男性より女性の間で多くかわされます。非常に親しい間柄では頬と頬を付けるのが一般的ですが、直接付けずに近づけるだけの場合もあります。

▶若い男性の仲間同士でかわされる握手（ハンドシェイキング）の例です。

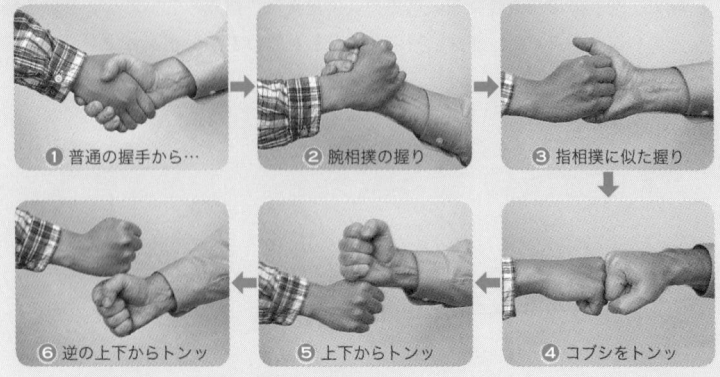

❶ 普通の握手から…
❷ 腕相撲の握り
❸ 指相撲に似た握り
❹ コブシをトンッ
❺ 上下からトンッ
❻ 逆の上下からトンッ

第1章
職場の表現

この章では、職場で使われるフレーズを収録しています。「超丁寧／丁寧」な表現は上司やクライアントとの会話や会議の中で使えます。「カジュアル」な表現は、オフィスで日々接するネイティブとの一般的な会話や雑談に使ってください。"怒れる上司"を演じたいような場合にもカジュアルな表現は便利です。カジュアルな表現の中には、職場の外でも使えるものもあります。何か重いものを運ぶ時に "Hey, could you give me a hand here?"（ねえ、手を貸してくれない？）と友達に頼むこともできるでしょう。でも「超丁寧」な表現は堅いので、職場だけで使うのがベストです。

01 手伝いを頼む

1 丁寧

I'm sorry to have to bother you, but I really need your help with something.
お忙しいところ恐れ入りますが、お手伝いいただけませんでしょうか。

▶仕事中の相手に。I'm sorry to (have to) bother you, but ～=「お手を煩わせてすみませんが」で、依頼を切り出す前のクッションに。

2 丁寧

If it's not too much trouble, would you mind helping me?
もしご面倒でなければ、手伝っていただけませんか。

▶ちょっと面倒なことを頼む時に。If it's not too much trouble =「ご面倒でなければ」も、1と同様のクッション言葉。Would you mind ～ ing? =「～していただけませんか」は丁寧な依頼の決まり文句で、「いいですよ」と承諾する時は no か sure（もちろん）を使います。

3 普通

Could you help me for a minute?
ちょっと手伝ってもらえませんか。

▶ささいなことを頼む時に。Could you ～? は「～してくれませんか」と頼む最も一般的な言い方。for a minute =「少しの間」。

職場の表現

4 カジュアル

Hey, could you give me a hand here?
ねえ、手を貸してくれない?

▶ 物の移動・機器の調整など、手を使う手伝いを求める時に。give (someone) a hand =「手を貸す」。

5 らんぼう

I need help here, damn it!
誰か手伝ってくれよ、ったく!

▶ 緊急救命室のドクターが叫びそう。(God) damn it! =「くそっ!／まったく!」は怒り・嫌悪を表す卑語。

Dialogue

Ⓐ **Hey, would you do me a favor?**
Ⓑ **Sure. What do you need?**

Ⓐ ねえ、頼みがあるんだけど。
Ⓑ いいよ。何が必要なの?

▶ Would [Could] you do me a favor? =「お願いがあるんだけど」の決まり文句。favor =「親切(な行為)」。

02 手伝いを引き受ける

1 超丁寧

Yes, sir. How may I be of assistance?
かしこまりました。何なりとお申し付けください。

▶サービス業での丁寧な応対。高級ホテルなどでも使われます。sir は男性、ma'am は女性への敬称。

2 丁寧

Of course. How may I help you?
喜んで。どうなさいましたか。（ご用件を承ります。）

▶一般的な顧客対応、レストランでの応対など。

3 普通

Sure, I'd be happy to help.
はい、喜んで。

▶仕事でも、個人的な依頼でも使えます。

職場の表現

4 カジュアル

Sure, no problem. What do you need?
ええ、構いませんよ。何でしょうか。

▶同僚や親しい上司などに。No problem. は「大丈夫です／いいですよ」の決まり文句。

5 カジュアル

Leave it to me!
まかせて!

▶ Leave it to me. は 1 人でやってあげる時に。I'm all yours. =「私はあなたのもの→何でも言ってね／何でもやるよ」は一緒に手伝う時に。

Dialogue

Ⓐ Hey, Mike, can you help us for about 15 minutes?
Ⓑ Sure. You got it. I'm all yours!

Ⓐ ねえマイク、15 分ほど手伝ってもらえない?
Ⓑ うん、了解。何でも言ってよ。

03 締め切りに間に合わない

1 超丁寧　遠まわし

Due to delays from our suppliers, the project will take slightly more time than anticipated.
業者からの納品が遅れているため、プロジェクトの完了予定が少しずれこみます。

▶ due to ～＝「～のために」。slightly more ＝「わずかに、あと少しばかり」。

2 丁寧　遠まわし

I might not be able to finish everything exactly on time.
すべてを時間通りに終わらせることはできないかもしれません。

▶「できない」を当り障りのないように、遠まわしに言いたい時に。might not be able to ～＝「～できないかもしれない」。

3 普通　率直

I can't meet the deadline.
締め切りには間に合いません。

▶ストレートな言い方。meet the deadline ＝「締め切りに間に合わせる」。

職場の表現

4 カジュアル

There's no way I'm going to finish on time.
時間内に仕上げるなんて、絶対に無理。

▶ 上司が無理な締め切りを設定した時に。There's no way 〜は「〜なんて無理、ありえない」の決まり文句。

5 カジュアル

Forget about the Tuesday deadline!
火曜日の締め切りなんて、あきらめな!

▶ 急に無理難題を押し付けられて。Forget about 〜＝「〜なんて忘れろ、〜はあきらめな」。

Dialogue

Ⓐ I'm really sorry, but I won't be able to finish everything on time.
Ⓑ Well, how much more time do you need?

Ⓐ 本当に申し訳ありませんが、すべてを時間通りに終わらせることはできません。
Ⓑ じゃあ、どのくらい時間が必要なの?

04 仕事を急かす

1 超丁寧

Is there anything I can do to help get these documents done?
この書類を仕上げるために、何か私にお手伝いできることはないでしょうか。

▶丁寧で遠まわしな言い方。get ～ done =「～を仕上げる、終わらせる」。

2 丁寧

I hate to rush you, but these documents are due in 10 minutes.
急かすようで悪いのですが、この書類はあと 10 分で締め切りです。

▶ I hate to ～, but は「～して悪いのですが」と気を遣うクッション言葉。

3 普通　率直

I really need you to speed up a bit here.
もう少し急いでください。

▶部下に対して。really をつけると「ぜひ、どうか」というニュアンスが出て、やわらかい命令になります。

職場の表現

4 カジュアル

Would you hurry up, please!
急いでくれる? お願い!

▶ 強い言い方なので親しい人のみに。

5 らんぼう （ののしり）

Stop fucking around and get this done!
油売ってないでとっとと終わらせろ!

▶ 建築現場などで使われそうです。fuck around =「ふざける」の卑語。I'm just fucking around. =「ふざけてるだけだよ」。

Dialogue

Ⓐ **Is there anything I can do to help?**
Ⓑ **I'm glad you're here. I'm really swamped.**

Ⓐ 何か私にお手伝いできることはないでしょうか。
Ⓑ いてくれてよかったよ。本当に忙しくてさ。

▶ swamped =「超多忙で」の米俗語。

05 返事を催促する

1 超丁寧

As this is an urgent matter, a prompt response would be greatly appreciated.
これは緊急の案件ですので、早急にお返事いただければ幸いです。

▶ビジネスメールにも使える、強いけど丁寧で定番の催促。

2 丁寧

Could you get back to us with an answer as soon as possible, please?
できるだけ早くご回答いただけませんでしょうか。お願いします。

▶取引先との電話などで。強い言い方。get back to someone =「(人) に返事をする」。

3 普通

I need your reply as soon as possible.
できるだけ早く返事をください。

▶社内で同僚・部下に。

職場の表現

4 カジュアル

I needed your reply, like, yesterday.
昨日ぐらいに返事がほしかったよ。

▶「もう遅いんだけど・・・」とイヤミを言う時に。

5 カジュアル

What, are you avoiding me?
え、私のこと避けてる?

▶ずっと逃げ回っている同僚・部下に。

Dialogue

Ⓐ **Could you get back to us as soon as possible, please?**
Ⓑ **Yes. You'll have our answer within the week.**

Ⓐ できるだけ早くお返事いただけませんでしょうか。お願いします。
Ⓑ はい。今週中にお返事させていただきます。

▶ within the week =「今週中に」。within a week =「1週間以内に」。

06 仕事が速い

1 超丁寧

I can't thank you enough for getting this done so quickly.
こんなにすぐに仕上げていただき、感謝の言葉もありません。

▶特別な仕事を迅速にしてくれた人に、丁重に感謝。

2 普通

You're getting through this at an amazing speed!
すごい早さで処理してますね!

▶同僚・部下をほめたり、応援する時に。get through 〜＝「〜を処理する、終える、切り抜ける」。

3 普通

I can't even keep up with you.
早すぎてついていけません。

▶ can't even 〜＝「〜すらできない」。keep up with 〜＝「〜に遅れずについていく」。

4 カジュアル

You're lightening fast!
電光石火の早業だね!

▶光のように速い。タイピングなど手作業が速い時に。

5 カジュアル

Wow. You're just burning through this.
ワオ。かっとばしてるね。

▶ burn through 〜=「〜を（火のように）速く処理する」。2の get through のさらに速い様子。

Dialogue

Ⓐ **Let's whip through these documents first.**
Ⓑ **Let's do it!**

Ⓐ まずはこの書類をとっとと片づけよう。
Ⓑ やりましょう!

▶ whip through =「手早く片づける」の俗語。

07 仕事が遅い

1 丁寧

We need to increase our productivity.
生産性を上げなければなりません。

▶会議・プレゼンで。

3 普通

You've cut it kind of close here.
今回は締め切りギリギリでしたね。

▶ cut it close =「(締め切りに) ギリギリで終える」。

2 普通

Could you pick up the pace a little?
もう少しペースを上げてもらえない?

▶部下へのやわらかい強制。pick up the pace =「スピードを上げる」。

職場の表現

4 カジュアル

If you were going any slower you'd be going backwards.
遅すぎて後戻りしてんのかと思ったよ。

▶ 冗談半分で気軽に。

5 らんぼう

Get your ass in gear and finish this!
なまけてないでとっとと終わらせろ!

▶ Get your ass in gear =「ケツのギアを入れろ→早くしろ」の卑語。体を使う作業の現場で言いそうです。

Dialogue

Ⓐ **I need you to pick up the pace a little.**
Ⓑ **I'm going as fast as I can, but this printer keeps jamming.**

Ⓐ もう少しペースを上げてください。
Ⓑ できるだけ速くやっているのですが、プリンターが詰まってばかりで…

08 間違いを指摘する

1 超丁寧

Sorry, sir, but there seems to be a small miscalculation here.
申し訳ありませんが、ここの計算が少し違っているようです。

▶上司や顧客のミスに対して。seem to be ～=「～のようです、～と思われます」は断定的な言い方を避ける時に便利。

2 丁寧

You've made a small mistake with these numbers.
ここの数字をちょっと間違えていますよ。

▶同僚か部下に使える、やわらかい言い方。small =「ちょっと」をつけて穏便に。

3 丁寧

Would you mind checking these figures again, please?
ここの数字をもう一度確認してもらえませんか。

▶丁寧ですが命令なので、部下に対して使います。

職場の表現

4 普通  率直

You've done this wrong.
これ間違ってるよ。

▶新人に。上司・同僚には使わないよう注意。

5 カジュアル

These numbers are totally screwed up.
数字が完全にめちゃくちゃじゃないか。

▶新人を叱る時や、他人のミスについて文句を言う時に。totally は「完全に、全面的に」の意味で通常の会話で使われる場合と、「すごく、めっちゃ、超」のニュアンスで俗語としてくだけた会話で使われる場合があります。ここの totally は俗語。screwed up =「めちゃくちゃな、混乱した」。

Dialogue

Ⓐ **Would you mind checking this again, please?**
Ⓑ **Why? Is there a problem?**

Ⓐ これをもう一度確認してくれますか。
Ⓑ なぜでしょう? 何か問題がありましたか。

09 間違いを詫びる

1 超丁寧

I'd like to offer my sincere apologies. I can assure you this will never happen again.
誠に申し訳ございませんでした。このようなことが二度とないことをお約束いたします。

▶ 得意客にトラブルやミスを謝罪する時に。I'd like to offer 〜=「〜を申し上げます」は謝意や弔意を表す時の堅い決まり文句。apologies（お詫び）やthanks（感謝）の前に sincere =「心からの」を付け、誠意を表します。

2 丁寧

I'm so sorry. It's entirely my fault.
本当にすみません。すべて私の責任です。

▶ 言い訳の余地がない時に。

3 普通

I'm really sorry about that. I'll fix it right away.
本当にごめんなさい。すぐに直します。

▶「すぐに問題を解決します」という姿勢で乗り切りましょう。right away =「すぐに」。

職場の表現

4 カジュアル

Oh yeah. I must have missed that. Sorry.
本当だ。見逃しちゃったみたい。ごめんね。

▶軽い言い方なので、親しい同僚に。

5 カジュアル 親密 若者

Oops! My bad!
おっと! 悪いね!

▶ Oops!＝「おっと！／しまった！」はヘマをした時にもらす言葉。My bad! は米若者の俗語。ミソジなら使わない方がいいかも。

Dialogue

Ⓐ **You forgot to turn off the lights last night.**
Ⓑ **Sorry. My bad.**

Ⓐ あなた、ゆうべ電気消し忘れたわね。
Ⓑ ごめん。悪かった。

10 忙しい

1 丁寧

It's been a challenge trying to keep on top of things.
すべてをうまく取り仕切るのが、それはもう大変で。

▶ It's been a challenge は「いろいろトラブルがあって大変」というニュアンス。keep on top of things ＝「物事をしっかり把握・掌握する」。

2 普通

This is the busiest I've ever been.
今までで一番忙しいです。

▶ 少し大げさに。最上級＋I have ever＋過去分詞は、最上級（busiest）を強調する時にとても便利な表現。I'm busier than ever.（これまでになく忙しい）のように比較級＋than ever ＝「これまでになく～」も覚えておきましょう。

3 普通

Things have been hectic lately.
最近ものすごく忙しくて。

▶ 育児と仕事に追われるママが言いそうです。hectic ＝「とても忙しい、てんやわんやで」。

職場の表現

4 カジュアル

I'm just swamped at work.
とにかく仕事に追われてまして。

▶ 誘いを断る時に便利。swamped =「超多忙で」の米俗語。

5 カジュアル　愚痴

This job is killing me.
この仕事きっついわ。

▶ 人生がつらいほど忙しい。be killing me =「〜で苦しい、つらい、死にそう」。

Dialogue

Ⓐ **This is the busiest I've ever been.**
Ⓑ **Well, don't overdo it, OK?**

Ⓐ 今までで一番忙しいです。
Ⓑ あんまり無理しないでね。いい?

▶ overdo =「無理をする、やり過ぎる」。

11 休暇・休息を請う

1 超丁寧

I'd like to request a short leave of absence.
短期休暇を申請したいのですが。

▶ I'd like to request ～=「～をお願いしたいのですが」。

2 丁寧

Would you mind if I stepped out for a minute?
少し席を外してもいいですか。

▶ Would you mind If I ＋動詞の過去形＋～？=「～してもいいですか」と丁寧に許可を求める決まり文句（用法は P.124 の 2 も参照）。step out =「ちょっと席を外す（すぐ戻る）」。

3 普通

I could really use a few days off.
2、3 日休みをとりたいです。

▶親しい上司にも使えます。I could use ～=「～がほしい」は I want ～と同義でよく使われます。

職場の表現

4 カジュアル

I can't take this any more. I'm taking a few days off.
もう耐えられない。2、3日休むわ。

▶同僚に相談する時に。can't take this =「がまんできない」。

5 カジュアル

My brain is fried. I'm going away for a few days.
アタマがくたくただよ。2、3日消えるから。

▶my brain is fried =「頭がくたくた」の俗語。細かい仕事・神経を使う仕事で頭が疲れた時に。

Dialogue

Ⓐ Sir, would you mind if I took a few days off?
Ⓑ Ahhh, yeah, I guess that would be OK.

Ⓐ すみませんが、2、3日休ませていただいてもよろしいでしょうか。
Ⓑ うーん、そうだねえ・・・大丈夫だと思うよ。

12 有能な上司について

1 超丁寧

The new section chief is perhaps one of the most competent people I've ever worked for.
新しい課長は、私のこれまでの上司の中で一番有能な人かもしれません。

▶ competent =「有能な」はかなり強いほめ言葉。会話に perhaps =「おそらく」を入れると、少し客観的な感じになります。

2 普通

My supervisor is really on top of things.
私の上司はとてもしっかりしています。

▶ be on top of things =「物事をしっかり把握・掌握している」。

3 普通

She's so much better than my old boss.
彼女の方が前の上司よりはるかに優れてるよ。

▶ 同僚との会話で。以前の上司への苦情もこめて。

職場の表現

4 カジュアル

You should see my new boss. She's fantastic.
私の新しい上司って、素晴らしいのよ。

▶ You should see 〜は「〜を見てよ、すごいよ」と強調する時によく使われます。

5 カジュアル

My boss is great.
私の上司、最高なの。

▶ great は何かを評価する時に幅広く使える便利な表現。

Dialogue

Ⓐ **I can't believe your boss remembered my name!**
Ⓑ **Yeah, she's really on the ball. She doesn't forget anything.**

Ⓐ あなたの上司、私の名前を覚えていてくれたのよ!
Ⓑ ああ、彼女はすごくデキる人だからね。何でも記憶してるよ。

▶ on the ball =「有能な、ぬかりない、物分かりがいい」。

13 無能な上司について

1 丁寧 〔遠まわし〕

The new section chief has a rather unique way of doing things.
新しい課長はやや個性的なやり方をする人です。

▶丁寧で遠まわしですが、理想的な上司ではないことが十分に伝わります。unique =「個性的な、独特な」を否定的に使うのがポイント。

2 丁寧

My supervisor has got some problems.
上司はいくつか問題を抱えています。

▶人格・能力・考え方に問題がある上司に。

3 普通

He's completely incompetent.
彼は完全に無能です。

▶批判する時に。

職場の表現

4 カジュアル

My boss is a moron.
俺の上司はアホだよ。

▶ moron =「アホ」はとても一般的な悪口。idiot も同義でよく使われます。

5 らんぼう　ののしり

My boss is a worthless piece of shit.
俺の上司は役立たずのクソ野郎だ。

▶ worthless =「役に立たない、価値のない」。piece of shit =「役立たず、クソ野郎」。ダメな人・物に対して幅広く使われる卑語。

Dialogue

Ⓐ **My new boss is a complete idiot.**
Ⓑ **Yeah, I met him. What a tool!**

Ⓐ 新しい上司、すっごく頭悪いのよね。
Ⓑ そうそう、俺も会ったよ。バカなやつだよな。

▶ tool =「バカ、いいカモ」の俗語。

14 ダメな新人について

1 超丁寧

I'm a little concerned with his performance.
彼の仕事ぶりが少し心配でして。

▶新人への懸念を上司に訴える時に。a little concerned =「少し心配、気がかり」。

2 普通

I think we're going to have to do something about him.
彼について何とかしなければなりませんね。

▶人事部内で。have to do something about 〜 =「〜を何とかしなければならない」。

3 普通

That new guy has a lot to learn.
あの新人、まだまだ勉強不足だな!

▶同僚との会話で。have a lot to learn =「勉強不足、経験が足りない」。guy =「やつ、男」。

職場の表現

4 カジュアル　愚痴

Jeez, can't he do anything right?
まったく、彼は何ひとつまともにできないの？

▶ミスばかりする新人への愚痴。Jeez＝「ああ、へえ、まあ」はJesusのくだけた表現で、驚きや怒りを表す米俗語。

5 カジュアル　大げさ

That guy is as useless as screen doors on a submarine.
あいつ、潜水艦の網戸くらい役に立たないんだよな。

▶ screen doors on a submarine は「潜水艦の窓が網戸になっている」から転じて「完全に役立たず、無意味」を表します。

Dialogue

Ⓐ **Ma'am, I think we need to do something about James.**
Ⓑ **Oh, God. What's he gone and done now?**

Ⓐ 部長、ジェイムズのことを何とかしなければ。
Ⓑ まあ大変。今度はどんなバカなことをしでかしたの？

▶ gone and done ＝「(ヘマなどを) しでかした、やっちまった」の俗語。

15 遅刻した人へ

※ **Sorry I'm late.** ＝遅れてすみません。と言われたら…

1 超丁寧

No, not at all. We haven't started yet.
いえ、大丈夫ですよ。まだ始めていませんから。

▶ VIPや得意客が遅刻した時に、丁寧な嘘で安心させましょう。not at all ＝「まったく〜でない」。

2 丁寧

No problem. We're just getting started.
大丈夫ですよ。今始めたところです。

▶ 数分の遅刻を許す時に。

3 普通

OK, just grab a seat so we can get going.
はい。続けるから席について。

▶ 部内ミーティングで。「あなたを待ってたんです」というニュアンスの、強めの言い方。grab a seat は have a seat（席につく）と同じ意味のややくだけた言い方。

職場の表現

4 カジュアル 率直

Don't be sorry, just get here on time from now on.
謝るくらいなら、これからは時間通りに来てね。

▶部下に注意する時に。from now on =「これからは」。

5 らんぼう ののしり

What… Is your fucking alarm clock broken?
はあ？お前のクソ目覚まし時計でも壊れたのか？

▶気の荒い職人さんが言いそうです。親しい相手にはジョークとして使えます。

Dialogue

Ⓐ Hi everybody. Sorry I'm late.
Ⓑ No problem. We're just getting started.

Ⓐ 皆さん、こんにちは。遅れてすみません。
Ⓑ 大丈夫ですよ。今始めたところです。

16 売れ行き好調

1 超丁寧

Unit sales this month are impressive, and we expect continued growth.
今月の販売数には目を見張るものがあり、今後も引き続き向上が見込まれます。

▶会議・プレゼンで。unit sales =「販売（台）数」。

2 普通

The new model is selling well.
新モデルはよく売れています。

3 カジュアル

These are selling like hot cakes.
飛ぶように売れてます。

▶ sell like hot cakes =「飛ぶように売れる」のくだけた決まり文句。お祭りの屋台で、大勢の人がホットケーキをどんどん買っていくイメージで覚えましょう。

職場の表現

4 カジュアル 😊

They're flying off the shelf.
飛ぶように売れてます。

▶ fly off the shelf =「飛ぶように売れる」、3 と同様の決まり文句。棚の商品が片端から消えていくイメージで。

5 カジュアル 😊

People are going nuts over these.
みんなこれに夢中だね。

▶ go nuts over ～ =「～に熱狂する」。社会現象になっている商品に対して。nuts の代わりに crazy も同義で使えます。

Dialogue

Ⓐ **People are going nuts over these things.**
Ⓑ **We'd better order some more before they run out.**

Ⓐ みんなこれに夢中になっています。
Ⓑ 売り切れる前にもう少し発注しておいた方がいいわね。

▶ run out =「売り切れる、品切れになる」。run out of =「～が売り切れる、品切れになる」。

17 売れ行き不調

1 超丁寧

Unit sales continue to be disappointing.
期待はずれの販売数が続いています。

▶ 堅めの会議・プレゼンで。disappointing =「期待はずれの、つまらない、がっかりさせる」。

2 丁寧

Sales have been lower than we expected.
売上は予想を下回っています。

▶ 会議・プレゼンで。

3 普通

It's not selling very well.
これはあまり売れていません。

職場の表現

4 カジュアル

They're not moving.
これは売れてない。

▶ move は「売れる」の意味でも使われます (move well = sell well)。日本語の「動いている＝売れている」と同じニュアンス。

5 カジュアル

This thing is a total dud.
これは完全に失敗作だね。

▶ dud の原義は「不発弾」。

Dialogue

Ⓐ **This thing is a total dud.**
Ⓑ **Should we discontinue it?**

Ⓐ これは完全に失敗作ね。
Ⓑ 製造中止にした方がいいかな？

▶ discontinue =「製造中止にする」。

18 給料が安い

1 丁寧

To be honest, I had hoped for a slightly better pay package.
正直なところ、もう少し良い待遇を期待していました。

▶給与を交渉する時に。pay package ＝賃金と福利厚生を全て含めた包括的な報酬、待遇、条件。

2 丁寧

I'm not making as much as I'd hoped.
望んでいたほどは頂いていません。

▶不満を控えめな言い方で。

3 普通

My salary is really low.
私の給料は本当に低いです。

▶ salary は英語では expensive/cheap（高い／安い）ではなく、high/low（高い／低い）で表します。

職場の表現

4 カジュアル 愚痴

My company pays peanuts.
うちの会社は本当にケチだ。

▶ peanuts = はした金。If you pay peanuts, you get monkeys. = 「ピーナッツでは猿しか雇えない」の諺も覚えましょう。

5 カジュアル 大げさ

I could make more money flipping burgers.
ファーストフードでバイトしてた方がまだ稼げるよ。

Dialogue

Ⓐ **My new job pays peanuts.**
Ⓑ **Why don't you find a new one?**

Ⓐ 新しい仕事の給料、すごく低いんだ。
Ⓑ 別な仕事探せば?

55

19 たくさん稼いでいます

1 丁寧

I hear he's doing very well for himself.
彼はとても成功しているそうですね。

▶礼儀正しい言い方。do well for oneself =「(ビジネスなどが) 成功する」。「裕福である、暮し向きがよい」は be well off。

2 普通

She's got a great deal with her new company.
彼女は新しい職場でとても良い待遇を受けています。

▶少し遠まわしな言い方。deal =「契約、条件、待遇」。

3 カジュアル

You wouldn't believe how much money that guy makes.
あの人信じられないくらい稼いでるのよ。

職場の表現

4 カジュアル 😊

He's making money hand over fist.
彼はジャンジャン稼いでいる。

▶ hand over fist =「どんどん、次々と」は船乗りがロープを両手でたぐりよせるイメージから。

5 カジュアル 😊

He's raking it in.
彼はぼろ儲けしている。

▶ rake it in は「ぬれ手で粟をつかむ」。熊手 (rake) でお金をかき集めるイメージ。

Dialogue

Ⓐ **Mike is doing very well for himself these days.**
Ⓑ **Yeah, he's really raking it in.**

Ⓐ マイクは最近ビジネスがすごくうまくいっているね。
Ⓑ うん、超ぼろ儲けしてるわ。

20 一緒に仕事ができてうれしい

1 超丁寧

It's an honor to work with somebody with your reputation.
あなたのように評判の高い方と一緒に仕事ができて光栄です。

▶ It's an honor to 〜 =「〜できて光栄です」。お世辞で相手を喜ばせたい時に。

2 丁寧

I'm so glad that we'll be working together.
あなたと一緒に仕事ができることになって、とてもうれしいです。

▶ I'm so glad =「とてもうれしい」。男性が言う時は so をつけずに I'm glad が自然。will be 〜 ing は確定した未来を指します。

3 普通

I'm looking forward to working with you.
あなたと一緒に仕事をするのを楽しみにしています。

▶ メールの最後につける「よろしくお願いします」というニュアンスの決まり文句。言葉にすると少し冷たいかも。

職場の表現

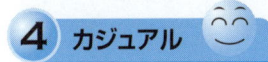

4 カジュアル

Nice to have you on board!
私たちのチームへようこそ!

▶同僚・部下に使える親密な表現。この have (someone) on board は「私たちの船に迎える＝仲間に迎える」のニュアンス。

5 カジュアル

I couldn't have picked a better person for this job myself.
君よりもこの仕事に向いてる人はいないよ。

▶新人をほめる時に。

Dialogue

Ⓐ **Nice to have you on board.**
Ⓑ **Thanks. I'm glad to be here.**

Ⓐ 私たちのチームへようこそ。
Ⓑ ありがとうございます。参加できてうれしいです。

21 再考をうながす

1 超丁寧

I wonder if you'd be willing to reconsider.
ご再考いただけませんでしょうか。

▶最終決定の前に。I wonder if 〜 は「〜してくれますでしょうか」の依頼・勧誘表現。Would you be willing to 〜? は「〜をしてもらえませんか」と説得する時の決まり文句。

2 丁寧

Is there any way we can make you change your mind?
どうすれば考え直していただけますでしょうか。

▶心からお願いする時に。Is there any way 〜? =「〜する方法はないですか」。

3 普通

At least sleep on it before making a decision, OK?
決定を下す前に、一晩はじっくり考えて。ね?

▶同僚・部下に慎重に考えるよう諭す時に。sleep on it =「一晩よく考える」。

職場の表現

4 普通

Are you sure about this?
本当にいいの?

▶ やり直しがきかないことを決断する前に。

5 カジュアル

Come on. You don't really want to do this!
ねえ、やめた方がいいって!

▶ 怒りに燃えて辞表を出しにいく同僚・部下に。「バカなことはやめろ!」というニュアンス。

Dialogue

A **That's it. I quit!**
B **Don't be crazy. You can't afford to quit.**

A もういい。辞めるよ!
B 正気なの? 辞めてどうやって食べてくのよ。

▶ can't afford to 〜 =「〜をする(経済的)余裕がない」。

22 他社と競う

1 超丁寧

I'm confident that we can outperform them.
弊社は彼らに勝てると確信しています。

▶会議・プレゼンで。outperform =「〜をしのぐ、〜に勝る」。

2 普通

We definitely have the upper hand.
私たちの方が明らかに優勢です。

▶自信あり。have the upper hand =「優位に立っている」。

3 カジュアル

Let's get to work and beat those guys!
さあ始めましょう、奴らを負かすのよ!

▶朝のミーティングで、チームを鼓舞する時に。

職場の表現

4 カジュアル

Let's show them how it's done!
彼らに思い知らせてやりましょう!

▶ プランを実行に移す時に。

5 カジュアル

It's time to kick some ass!
目にモノ見せてやろう!

▶ kick some ass =「たたきのめす」。ここでは「負けないぞ!」のニュアンス。とても一般的な俗語ですが ass は「尻」の卑語なので親しい相手にのみ使いましょう。

Dialogue

Ⓐ **Let's get to work so we can beat those guys.**
Ⓑ **Yeah. Let's show them how it's done.**

Ⓐ さあ始めましょう、奴らを負かすのよ!
Ⓑ はい、思い知らせてやりましょう。

23 仕事ぶりをほめる

1 丁寧

We're very impressed with your work.
あなたの仕事にとても感心しています。

▶人事考課で管理職が部下をほめる時に。

2 丁寧

You're really making an impression around here.
皆さんがあなたのことを絶賛してますよ。

▶職場でもプライベートでも、「人気者になっているね」とほめる時に。make an impression ＝「良い印象・感動を与える」。

3 普通

You're doing great. Keep up the good work!
よくやってますね。そのままがんばって!

▶部下への応援。Keep it up! ＝「その調子でがんばって!」でも可。

職場の表現

4 カジュアル

You're doing an awesome job!
キミ、たいしたもんだよ!

▶ 新人に言うくだけた表現。awesome =「とても良い、見事な」を表すくだけた米俗語。

5 カジュアル

You're really kicking some butt around here.
この辺で君にかなう人はいないね。

▶ kick some butt =「たたきのめす、やつける」(butt =「尻」) は kick some ass と同義で、よりやわらかい表現。

Dialogue

Ⓐ **You're really making an impression around here.**
Ⓑ **I'm just trying to do my best.**

Ⓐ 皆さんがあなたのことを絶賛していますよ。
Ⓑ 私はただ全力を尽くしているだけです。

24 アイデアに興味を示す

1 超丁寧

I'm intrigued by your idea.
あなたの案に大変興味があります。

▶ be intrigued by ～ =「～にとても興味をそそられる」。

2 普通

I'm dying to hear more about this.
ぜひ、もっと詳しく聞かせてください。

▶ be dying to ～ =「～したくてたまらない」は I can't wait to ～ と同義。

3 普通

Hey, that's a great idea.
ああ、それはいい考えだね。

▶ great は何かを評価する時に幅広く使えます。

職場の表現

4 カジュアル 親密

That's brilliant! You're a genius!
素晴らしい! キミって天才!

▶企画会議で盛り上がった時に。

5 カジュアル 親密

I love it!
イイね!

▶短いけど、インパクトあり。親しい関係なら職位を問わず使えます。

Dialogue

Ⓐ **Wow! That's brilliant! I love it!**
Ⓑ **Thank you.**

Ⓐ ワオ! 素晴らしい! イイね!
Ⓑ ありがとうございます。

25 計画に疑問を呈する

1 超丁寧 （遠まわし）

We really should invest more time to ensure that the plan is sound.
この計画が適切かどうか、もっと時間をかけて検討する必要があります。

▶遠まわしでかしこまった言い方。invest more time =「もっと時間をかける」。

2 丁寧 （遠まわし）

I'm not sure if this is the right way to go.
これが正しい方向性なのか私にはわかりません。

▶仕事でもプライベートでも使える言い方。right way =「正しい方向、やり方」。

3 普通

I seriously doubt that this will work.
これがうまくいくとは到底思えません。

▶批判する時に。

職場の表現

4 普通 — 率直

I think this new plan is a mistake.
この新しい計画は間違ってると思う。

▶ストレートな意見。

5 カジュアル — 愚痴

This is the stupidest idea I've ever heard.
これほど馬鹿げた計画は聞いたことがない。

▶仲間と愚痴・文句を言う時に。

Dialogue

A I seriously doubt that this will work.
B Well, unless you have a better idea, this is all we have for now.

A これがうまくいくとは到底思えません。
B もっといい案を出せないなら、今はこの案しかありません。

26 注意をうながす

1 丁寧

We need to pay particular attention to this.
これに特に注意しなくてはなりません。

▶会議・プレゼンで。

2 丁寧

We need to keep a constant eye on this.
これに常に注意を払う必要があります。

▶変化・変動を常にチェック。

3 普通

We need to stay on top of this.
これはしっかり把握しておかないと。

▶ stay on top of 〜＝「〜をしっかり把握・掌握する」。

4 カジュアル

Keep your eyes open.
油断するなよ。

▶文字どおり「目を開けていろ」のニュアンス。警備員同士で言いそうです。

5 カジュアル

Hey, watch out!
おい、気をつけろよ!

▶物理的・身体的に危ない時に。

Dialogue

A **Hey, watch out!**
B **That car almost hit me. Thanks. I owe you one.**

A ちょっと、気をつけて!
B もう少しで轢かれるところだったよ。ありがとう、恩に着るよ。

27 わかりません

1 超丁寧 （遠まわし）

I'm still attempting to gather more information on that matter.
その件につきましては、まだ情報収集中です。

▶政治家が言いそうな、まわりくどい表現。attempt =「試みる」。

2 丁寧

I'm checking on it right now.
現在確認中です。

▶テキパキと前向きなイメージを出したい時に。

3 普通

I'm not exactly sure.
正確にはわかりません。

▶誰にでも使えます。ちなみに I don't know. は「知らない」という素っ気ない響きがあるので、上司には使わないほうがよいでしょう。

職場の表現

4 カジュアル

I have no idea what you're talking about.
何のことか全くわからないよ。

▶ 冷静に言うと効果的です。

5 らんぼう

How the hell should I know?
知るかよ。

▶ how the hell =「いったいどうやって〜」の卑語。hell の代わりに fuck を入れるとより強く下品な卑語になります。

Dialogue

Ⓐ **Hey, where's the flash drive?**
Ⓑ **What flash drive? I have no idea what you're talking about.**

Ⓐ ねえ、USB メモリーはどこ?
Ⓑ どの USB メモリー? 何のことか全くわからないんだけど。

▶ flash drive =「フラッシュドライブ、USB(フラッシュ)メモリー」。

28 私の責任ではありません

1 超丁寧

I'm happy to do it, but that's Mike's area, so I'll coordinate with him first.
喜んでやらせていただきますが、これはマイクの担当なので、まずは彼と調整します。

▶従順な態度で。

2 普通 率直

Sorry, but that's not my responsibility.
すみませんが、それは私の担当ではありません。

▶ストレートな言い方。

3 普通 率直

That's not my problem. You'll have to find somebody else.
それは私には関係ありません。誰か他の人に頼んでください。

▶かなり強気な部下が、気の弱い上司に。

職場の表現

4 カジュアル

There's no way I'm doing that!
私はそんなの絶対にやらないわよ!

▶ There's no way 〜は「〜なんて無理、ありえない」の決まり文句。

5 らんぼう （ののしり）

Like I give a shit!
どうでもいいよ!

▶ I don't give a shit. は「関係ないよ／知るかよ」の卑語、決まり文句。Like I give a shit! は「(キミは僕がそれを気にするかのように話しているけど、そんなの) どうでもいいよ!」というニュアンス。

Dialogue

A **Come on Jeff. You're the only one who can do this.**
B **Like I give a shit.**

A お願い、ジェフ。これをできるのはあなたしかいないのよ。
B そんなのどうでもいいよ。(知るかよ。)

29 組織を改革する必要がある

1 丁寧

We're going to need considerable restructuring.
大規模な組織再編が必要になります。

▶取締役会にて。

2 普通

We need a complete management shake up.
経営陣の一新が必要です。

▶ shake up =「刷新、大改革」。

3 普通

Without an overhaul, this company is doomed.
改革しなければ、この会社は終わりです。

▶ overhaul =「(機械などの) 点検・修理」はビジネスで使えば「見直し、改革」。
doomed =「絶望的な、運の尽きた」。

職場の表現

4 カジュアル

We need to get rid of some of the deadwood here.
余剰人員を切らないと。

▶ 親しい仲間と愚痴を言う時に。get rid of ～＝「～を取り除く」。deadwood＝「枯れ木」から転じて「役に立たない人・物」。

5 カジュアル

If we don't do something about the management, we're toast!
経営陣を何とかしないと、おしまいね!

▶ toast＝「破滅」を表す俗語。

Dialogue

Ⓐ **We're going to need considerable restructuring.**
Ⓑ **I agree. I suggest we start with the sales department.**

Ⓐ 大規模な組織再編が必要になります。
Ⓑ 私もそう思います。営業部から始めたらいかがでしょうか。

30 規則への不満

1 丁寧

Everybody is less than pleased about these new procedures.
新しい手順を歓迎している人は誰もいません。

▶ less than pleased は unhappy（不満で）の遠まわしでかしこまった言い方。

2 普通　率直

I completely disagree with these changes.
これらの変更には絶対に反対です。

▶強い否定。completely ＝「完全に、全面的に」。

3 カジュアル　愚痴

I can't believe these new rules.
こんな新しいルールは信じられない。

▶同僚に愚痴を言う時に。

職場の表現

4 カジュアル 愚痴

These new rules are a joke.
この新しいルール、冗談でしょ。

5 らんぼう ののしり

I ain't doing any of this shit.
こんなアホらしいこと、やれるか。

▶ ain't は am not の短縮形で、くだけた口語としてよく使われます。shit =「くだらない物事、たわごと、嫌な物事」を表す卑語。

Dialogue

Ⓐ **I can't believe they want us in by 5 a.m.**
Ⓑ **They're dreaming if they think I'll be in at 5.**

Ⓐ 朝の5時までに出てこいなんて、信じられない。
Ⓑ 僕が5時に出てくるなんてことは夢にもありえないよ。

▶ be in =「出勤して、在室して」。

31 そりが合わない

1 丁寧

I'm concerned that he and I might not be on the same page.
彼と私は考えが違うのではないかと心配しています。

▶ be on the same page =「同じ考えである」。

2 普通

We don't really see eye to eye.
私たちは意見があまり合いません。

▶ see eye to eye =「意見が一致する、話が合う」。

3 普通

I don't really get along with him.
彼とはあまりうまくいっていません。

▶ get along (well) =「(人)とうまくやっていく」の一般的な言い方。

職場の表現

4 らんぼう 愚痴

I hate working with that guy.
あいつと一緒に働くのはうんざりよ。

▶ 愚痴、文句。

5 らんぼう ののしり

That guy really pisses me off!
あいつ、まじムカつく!

▶ piss someone off =「(人) を怒らせる」のとても一般的な卑語。I'm pissed off. で「ムカついてる」。

Dialogue

A **I hate working with that guy.**
B **I don't know. I kind of like him. He's nice.**

A あいつと一緒に働くのはうんざりだよ。
B そうかな。私は何となく好きよ。やさしいもん。

ネイティブ目線の会話術 ①
ビジネス英語、実際は・・・ *Column*

　日本におけるビジネス英語教育の大きな問題点の1つに、ビジネス英語の教材があります。多くの教材には、契約交渉、会議の司会進行、電話での受注などさまざまなビジネスシーンが載っていますが、そこに登場する英語は非常にフォーマルなものばかりです。

　もちろん、初対面の顧客や社の幹部とのやり取りは礼儀正しいフォーマルなものでなくてはなりません。しかし現実には、ビジネスの多くの部分は電話や会議室以外のところ、つまり得意先への挨拶回り、ランチ、お酒の席などでも行われています。日本では上司が部下に「今夜は無礼講」と言うことがあります。これは、目上の人に敬意を払いつつも冗談を言ったり、正直な意見を述べたり、ビジネス用語ではない比較的くだけた言葉を使ってもよいということを意味しているはずです。ビジネス英語でも、会議室の外では多くの場合、このくだけた言葉が使われているのです。

　言葉遣いをどうするべきか判断がつきにくい場合には、仕事で接する外国人があなたにどう話すかに注意して、同じ程度の親しさで話せばよいのだと考えてください。日本であなたがもてなす側になる場合は、初めのうちは"おもてなしの意"を表して相手より少しだけフォーマルな言葉遣いでもよいかもしれません。でも初めて日本を訪れる外国人の中には、日本の社会をとても堅苦しいと感じる人もいます。少しくだけた英語を使うことで、相手の外国人に安心してもらえるだけでなく、あなたは面白くて信頼できる人物だという印象を相手に与えるでしょう。それがビジネスの成功に結びつくかもしれません。

第2章
社交の表現

ネイティブと食事や飲みに行く時には、この章がお役に立ちます。ここには人を誘う表現、店でおごる時の表現から、トイレに行く時の表現まで、人との付き合いの中で使えるさまざまなフレーズが収録されています。「丁寧」な表現は新たに知り合った人とのオトナな会話で使い、「カジュアル」は親しい友達や年下の知り合いとの会話で使えます。よりカジュアルな、時には乱暴な表現もありますが、これらは男性向きかもしれません。友達と酔ってはめをはずすのは男性の方が多いですからね。しかし女性もたまには、親しいネイティブの男友達に "Stop being such a pussy and finish your beer!"（そんなナヨナヨしてないでビール飲み干せよ！）などと言ってみれば、大ウケは間違いなしです！

01 ホームパーティーに誘う

1 丁寧

If you're free, why don't you stop by?
お暇でしたら、お立ち寄りください。

▶ Why don't you 〜 ? =「〜しませんか」。stop by =「立ち寄る」。

2 丁寧

I'd love it if you could come.
あなたに来ていただけたらうれしいです。

▶目上の人や好きな異性を誘う時に。

3 普通

Why don't you come?
来ない?

▶気軽な誘い。

4 カジュアル 〔親密〕

> **You should come. There will be tons of single guys there.**
> おいでよ。独身の男どもがゴロゴロいるわよ。

▶独身の女友達に。tons of ＋複数名詞＝「相当な量の」、多さを強調する時に便利。

5 カジュアル 〔親密〕〔男性〕

> **You gotta come. There are some total hotties coming.**
> 絶対来いよ。超セクシーな女の子たちもいるから。

▶男性が男性に言います。You gotta ＝ You have got to の略式で「～しなければならない」。hottie ＝「セクシーな人」の米俗語。

Dialogue

> Ⓐ I'm having a party tomorrow. Why don't you stop by?
> Ⓑ Really? Thanks. What should I bring?
>
> Ⓐ 明日パーティーをするんだけど、来ない?
> Ⓑ 本当に? ありがとう。何を持っていけばいいかしら。

02 招待を受ける

1 丁寧

Actually, I would love to go. Thanks for inviting me.
では、喜んでお邪魔します。ご招待ありがとうございます。

2 普通

Really? Thanks. That would be great.
本当に? ありがとう。すごくうれしいです。

▶どんな招待にも使えます。

3 普通

Yeah, I'd love to. What should I bring?
いいね! ぜひ行かせてもらうよ。何を持っていけばいい?

▶手料理などを持ち寄ってホームパーティー。

4 カジュアル

OK, sure. That sounds like fun.
うん、いいよ。面白そうだね。

▶仲間からの誘いを気軽に受けて。sounds like 〜=「〜のような印象を与える」。

5 カジュアル 〔親密〕〔男性〕

Dude, I'm there!
すげえ、絶対行くから!

▶男性が男性に言います。dude は「野郎、やつ、男」や「よう、おい、なあ」という呼びかけ、「すげえ、最高な」などを意味するとても一般的な俗語。

Dialogue

Ⓐ You gotta come. There are tons of hot guys going.
Ⓑ Really? Cool. I'll be there.

Ⓐ 絶対来てよ。イケメンもたくさんいるから。
Ⓑ ホント? いいわね。行っちゃうわ。

03 乾杯

1 超丁寧

... and on that note, I ask you all to raise your glasses and join me in a toast.

〜を祝して、グラスをお手に乾杯を捧げましょう。

▶結婚式や社屋の落成式などフォーマルな場で、スピーチを終える時に。on that note =「というわけで、それに関して」。

2 丁寧

... and my thanks to Mike for having organized this event. To Mike!

このイベントを主催してくれたマイクに感謝の気持ちを捧げます。マイクに乾杯!

▶スピーチで、主催者に感謝を捧げる時に。

3 普通

Cheers!

乾杯!

▶いつでも使える一般的な表現。

社交の表現

4 カジュアル

Bottoms up!
乾杯!

▶友達と祝う時の、くだけた表現。

5 カジュアル 〔親密〕〔男性〕

Stop being such a pussy and finish your beer!
そんなナヨナヨしてないでビール飲み干せよ!

▶男性が男性に言います。such (a) +名詞で「とても～だ」という強調を表します。また You have such a great job.（素晴らしいお仕事をお持ちですね）のように such (a) +形容詞+名詞の場合は形容詞を強調します。pussy =「おとなしい、ナヨナヨした」のやや下品な俗語。

Dialogue

A **Thanks to you all for a great year. Cheers!**
B **Cheers!**

A 最高の1年を皆様に感謝します。乾杯!
B 乾杯!

04 ファッションをほめる

1 超丁寧 　男性

And may I say, that's a beautiful dress you're wearing, ma'am.
失礼ですが、奥様、とても美しいドレスをお召しですね。

▶ 男性が自分よりステータスが高い女性に言う、礼を尽くした表現。

2 丁寧 　女性

Ms. Takeda. Where did you get that dress? I love it.
武田さん、そのドレスをどこでお求めになったのですか? すごく素敵です。

▶ 女性が言います。Where did you get that? =「それをどこで買ったのですか」は、英語では失礼ではありません。

3 普通 　親密

You look gorgeous!
とっても素敵ですね!

▶ 着物やドレスなど、特別に着飾った女性への賛辞。単に「美しい」というよりも「華麗な、輝いている」という強いニュアンスがあります。

社交の表現

4 カジュアル 😊

Wow. I love what you're wearing.
ワオ! その服サイコー。

▶男性にも女性にも使える、気軽なほめ言葉。

5 カジュアル 😊 親密 男性

Damn! You look hot in that dress.
まいったね! そのドレスを着たキミ、超イケてるよ。

▶男性が、親しい女性のみに言います。hot =「カッコいい、いかした、セクシーな」でよく使われる俗語。

Dialogue

Ⓐ **You look so hot in that dress.**
Ⓑ **Thanks. I knew you would like it.**

Ⓐ そのドレスを着たキミ、超セクシーだよ。
Ⓑ ありがとう。あなたに気に入ってもらえると思ってたわ。

05　業績好調を祝う

1 超丁寧

Your business's success has been nothing short of astounding.
御社の成功は驚異的と言う他ありません。

▶カクテルパーティーなどで。nothing short of ～=「～以外のなにものでもない、～と言わざるをえない」。

2 丁寧

I couldn't be happier to see how well your business is doing.
あなたのビジネスが成功して、これほどうれしいことはありません。

▶経営難を乗り越えた相手に。I couldn't be happier =「これ以上の喜びはない」。

3 普通

Your business is going so well. Congratulations.
ビジネスがすごくうまくいっているようですね。おめでとうございます。

▶知人が経営する店を訪れる時に。

社交の表現

4 普通

Your business has really taken off. That's excellent.
お仕事が軌道に乗って、本当に良かったですね。

▶ take off =「軌道に乗る」。

5 カジュアル　親密

Hey, Mr. Moneybags. Why not take your friends out for a beer!
なあ、お金持ちさんよ。友達にビールをおごるなんてどうだい?

▶ Moneybags は単数扱いで「大金持ち」を意味する俗語。相手が女性なら Ms. Moneybags。

Dialogue

Ⓐ **Your business is going so well. Congratulations.**
Ⓑ **Thanks. It was a rough start, but we're doing OK now.**

Ⓐ ビジネスがすごくうまくいっているようですね。おめでとうございます。
Ⓑ ありがとうございます。最初は苦労しましたが今は何とかやってます。

06 結婚を祝う

1 超丁寧

May you find all of the love and happiness you both deserve.
お2人にふさわしい、あらゆる愛と幸福が訪れますように。

▶結婚式のスピーチで。May you ~は「~しますように、なりますように」の格式張った言い方で、強調のための倒置。

2 丁寧

I've never seen a couple more meant for each other.
あなたたちほどお似合いのカップルを見たことがありません。

▶meant for ~=「~のための、~に向けて作られた」。meant for each otherで「お互いにとって最高の相手、お似合いのカップル」。

3 普通

Congratulations on your engagement.
婚約おめでとう。

▶一般的な婚約祝いの言葉。

社交の表現

4 カジュアル 親密 男性

I can't believe you're stealing my buddy from me.
俺の相棒、キミに取られちゃったよ。

▶ 新郎の男性友人が新婦に言うジョークとして。my buddy =「僕の相棒、仲間」。
女性が新郎に言う場合は my girlfriend =「私の(女)友達」。

5 カジュアル 下品

Don't wear out the bed, you two!
お2人さん、ベッド壊すなよ!

▶ 下ネタ。wear out =「すり減らす」。

Dialogue

A I've never seen a couple more meant for each other.
B Thank you. That means a lot.

A あなたたちほどお似合いのカップルを見たことがありません。
B ありがとうございます。あなたにそう言ってもらえてうれしいです。

07 食事に誘う

1 丁寧

I was wondering if you'd be interested in going for dinner sometime next week.

もしよろしければ、来週ご都合のよろしい日にお食事でもいかがでしょうか。

▶ I was wondering if 〜は「〜していただけますでしょうか」と丁寧に勧誘・依頼する表現。好意を寄せる人に誘いを切り出す時に便利。

2 丁寧

If you're free tomorrow night, I know a great Italian restaurant.

明日の夜空いてたら、すごく美味しいイタリアンのお店を知ってるんですが。

▶イタリア料理なら大抵は大丈夫。

3 普通

Would you like to go for dinner on Friday night?

金曜の夜、食事でも行かない?

▶いつでも使える表現。

社交の表現

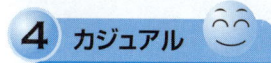

4 カジュアル

Hey, let me take you for dinner tomorrow night.
ねえ、明日の夜食事おごらせてよ。

▶ 好きな人に、わざと気軽な言い方で。何かのお礼をしたい時にも使えます。

5 カジュアル

Let's go grab something to eat. I'm starving.
何か食べに行こうよ。お腹減って死にそう。

▶ grab something to eat は「とりあえず何かを、さっと食べる」というニュアンス。I'm starving. =「飢え死にしそう」は親しい相手に使える決まり文句。

Dialogue

Ⓐ **Would you like to go for dinner tonight?**
Ⓑ **Yeah, I'd love to. What time did you have in mind?**

Ⓐ 今夜食事でも行かない?
Ⓑ ええ、喜んで。何時頃がいい?

08 飲みに誘う

1 超丁寧

I'd be honored if you'd let me offer you a drink tonight.
今晩1杯ご馳走させていただければ光栄です。

▶ I'd be honored if 〜=「〜できれば光栄です」はかなり丁寧な言い方なので、社会的地位が高く特別な存在の人に。

2 丁寧

I was wondering if you'd like to join me for a drink later.
後ほど1杯お付き合いいただけませんか。

▶丁寧な誘い。

3 普通

Would you like to pop out for a drink later tonight?
今夜、あとでちょっと飲みに行かない?

▶気軽な誘い。pop out =「ちょっと出かける」。

社交の表現

4 カジュアル 　男性

I'm dying for a beer. Let's go grab a few cold ones.
ビール飲みたくてたまらん。ギンギンのちょっとひっかけに行こうぜ。

▶男性が仲間に言います。dying for 〜=「〜がほしくてたまらない」。cold ones =「冷たいやつ→ビール」。

5 カジュアル　親密　男性　下品

Come on. Let's go get shitfaced.
いいじゃん。酔いつぶれに行こうぜ。

▶男性が言います。shitfaced =「べろべろに酔った」の卑語。

Dialogue

Ⓐ **It's pay day. Let's go for a few drinks.**
Ⓑ **Awesome! First drink's on me.**

Ⓐ 給料日ね。軽くやっていこうよ。
Ⓑ いいねえ！ 1杯目は僕がおごるよ。

09 勘定を払う（おごる）

1 超丁寧

Please. Allow me to get this.
いえ、ここは私が。

▶接待での支払い時に。

2 普通

This is on me.
私のおごりで。

▶気軽な言い方。

3 普通

It's my treat.
私のおごりよ。

▶ This is on me. と同様。

社交の表現

4 カジュアル

Hey, you always pay. Let me get this.
なあ、いつも払ってもらってばっかりだよ。ここは僕に払わせて。

▶ たまには自分が。

5 カジュアル 親密

Put your wallet away. It's on me.
お財布しまって。私がおごるわ。

▶ レジの前で、よく見る光景です。

Dialogue

A Please, sir. Allow me to get this.
B I appreciate that, but tonight's on me. Put your wallet away.

A いえ、ここは私が。
B ありがとうございます。でも今夜は私が持ちますから。お財布をしまってください。

10 トイレへ行く

1 丁寧 【女性】

I'm just going to go powder my nose.
ちょっとお化粧を直してきます。

▶ powder my nose =「化粧を直す→トイレに行く」。女性が使う遠まわしな表現。

2 普通

I just have to use the restroom.
ちょっとおトイレに行ってきます。

▶ トイレは他に bathroom、john〈俗〉、loo〈英〉、CR (comfort room)、washroom など場面・地域によってさまざまな言い方があります。

3 カジュアル

I'm just going to run to the little boy's room.
ちょっとおトイレに行ってくるね。

▶ little boy's (girl's) room =「男子（女子）トイレ」は幼児語で、大人が言えばユーモラスなニュアンスに。

社交の表現

4 カジュアル 　男性　下品

My back teeth are floating. I'll be right back.
もれそう。すぐ戻るよ。

▶ 男性が言います。back teeth are floating =「膀胱がいっぱい、おしっこがもれそう」の下品な言い方。

5 カジュアル 　男性　下品

I gotta take a leak.
ションベンしてくるわ。

▶「小をする」は他にも (take a) piss〈卑語〉、hit the head〈俗〉、have a slash〈英俗〉、pee〈幼児語〉など。「大をする」は take a shit〈卑語〉、take a dump〈卑語〉など。また俗語で「小」を number one、「大」を number two とも言います。

Dialogue

Ⓐ **I'm just going to go freshen up.**
Ⓑ **OK, but make it fast or we'll miss our train.**

Ⓐ ちょっとさっぱりしてくるね。
Ⓑ わかった、でも早くね。電車が行っちゃうから。

▶ go freshen up =「さっぱりしに行く→トイレに行く」。女性が使える婉曲表現。

ネイティブ目線の会話術 ②
スタバで breaking the ice!

　この本にはたくさんのフレーズが収録されています。でも、せっかくのフレーズも自分から話しかける勇気がなくては使えません。ラッキーなことに、まったく知らない人と会話を始める方法があります。

　会話を始める時は、その場の状況について何かコメントしてみましょう。これは "breaking the ice" と言われます。「会話の糸口を見つける、雑談を始める」という意味です。相手に単刀直入で立ち入った質問をするのではなく、周囲の物事について何かコメントを言ってみましょう。例えば・・・

(空港で)
Where are you flying to?（どこまで行かれるんですか）← *NG*
Wow, this line up is taking forever, eh!
　　　　　　　　　　（うわー、この列、超長いですね！）← *GOOD!*

(スターバックスで隣に並んでいる外国人に話しかけたい場合)
Do you like coffee?（コーヒーはお好きですか）← *NG*
It's so crowded in here today.
　　　　　　　　　　（今日はすごく混んでますね）← *GOOD!*

　共通の状況についてのコメントは、会話を穏便なものにし、一体感を生み出します。そしてこれは誰にでもできます。私は自分を社交的な方だと思いますが、1人のときは比較的シャイだったりもします。相手は忙しいだろう、自分に関心などないだろう、などといつも考えてしまい、知らない人に話しかけるのを躊躇します。でもそんな私でも、breaking the ice のおかげで世界中で新しい人々との出会いを経験できています。あなたも、できるはずです。

第3章
目的に応じた表現

この章には、「詫びる」、「賛成する」、「疑う」など、目的に応じた表現が収録されています。どれも日常生活のさまざまな場面でよく必要とされる表現です。ネイティブとカジュアルなおしゃべりをしてみたいという人は、まずこの章から学ぶのがよいでしょう。そして第2章、第4章を含め各セットから最低1フレーズずつ覚えれば、スタバでコーヒーを片手にネイティブとのおしゃべりを楽しめる日も遠くありません。

01 感謝する

1 超丁寧

I'd like to express my sincerest gratitude.
心よりお礼申し上げます。

▶ I'd like to express 〜 =「〜を申し上げます」。お礼や謝罪を表明したい時のかしこまった表現。

2 丁寧

I can't thank you enough for everything you've done.
いろいろしていただき、感謝のしようもありません。

▶ ホームステイ先のホストファミリーと別れる時に。

3 普通

I really appreciate this.
本当にありがとう。

▶ appreciate は thank より強い感謝を表します。この語は人ではなく物事や人の行動・言動などを目的語にとるので、I appreciate you とは言いません。

目的に応じた表現

4 カジュアル

I owe you one!
すまないね!

▶ ちょっとした借りができた時に。owe someone =「(人) に借りがある」。

5 カジュアル

Thanks.
ありがとう。

▶ 気軽にお礼を言う時は、Thank you. よりも Thanks. のほうがずっと一般的。どんどん使ってみましょう。Thank you. はより強くかしこまったニュアンスがあります。

Dialogue

Ⓐ **I can't thank you enough for everything you've done.**
Ⓑ **You're more than welcome.**

Ⓐ いろいろしていただき、感謝のしようもありません。
Ⓑ とんでもないです。

02 感謝に応える

1 丁寧

It was my pleasure.
どういたしまして。

▶職場でもプライベートでも使えます。

2 普通

You're more than welcome.
とんでもないです。

▶ more than welcome は「大歓迎」の他に、感謝に応えて「どういたしまして／とんでもないです」の意味があります。

3 普通

Don't mention it.
気にしないで。

▶恐縮された時に。

目的に応じた表現

4 カジュアル

No problem.
かまわないよ。

▶ 「問題ないよ／大丈夫だよ」のニュアンスで気さくに言います。

5 カジュアル 親密

No worries.
いいってことよ!

▶ Don't worry about it. のくだけた言い方。

Dialogue

Ⓐ **Thanks for the help. I owe you one.**
Ⓑ **Don't mention it.**

Ⓐ 手伝ってくれてありがとう。すまないわね。
Ⓑ 気にしないで。

03 詫びる

1 超丁寧

I'd like to express my sincerest apologies.
心からお詫び申し上げます。

▶スキャンダルを起こしたタレントが謝罪会見で言いそうです。

2 丁寧

I'd like to apologize.
お詫び申し上げます。

▶ apologize to 〜=「(人) に謝罪する」。apologize for 〜=「〜について謝罪する」。

3 丁寧

I can't tell you how sorry I am.
お詫びのしようもありません。

▶相手に大きな迷惑をかけた時に。

目的に応じた表現

4 普通

I'm really sorry.
本当にごめんなさい。

5 カジュアル 〈親密〉

My bad!
わるい!

▶ 口先だけ。

Dialogue

Ⓐ **I'd like to apologize for what I said yesterday.**
Ⓑ **Forget about it. Water under the bridge.**

Ⓐ 私の昨日の発言につきましてお詫び申し上げます。
Ⓑ 気にしてないですよ。過ぎたことですから。

▶ water under the bridge = 「過ぎてしまったこと、どうにもならないこと」。

04 人をほめる

1 丁寧

You're the most amazing person I've ever met.
あなたほど素晴らしい方には会ったことがありません。

▶相手の才能・人柄などに最大の敬意を表す時に。異性に好意を伝える時にも使えます。

2 普通

You're so good at that!
とてもうまいね!

▶優れた技術に対して。good at 〜 =「〜が上手、得意」。

3 普通

Wow. Where did you learn to play like that?
すごい。それどこで覚えたんですか。

▶ play は楽器の演奏やスポーツに対して。これを paint（描く）など他の動詞に置き換えれば、どんな技術・才能にも使えます。

目的に応じた表現

4 普通 親密

I wish I were more like you.
あなたのようになりたいわ。

▶相手の信念や情熱、人柄などに対して。

5 カジュアル

You rock!
すげえ!

▶ rock =「カッコいい、素晴らしい、最高」を意味するくだけた口語。You kick ass! / You rule! / You're so cool! も同様に使われます。

Dialogue

Ⓐ **You work so hard. I wish I were more like you.**
Ⓑ **No, I work too much. It's not good.**

Ⓐ とてもがんばってますね。あなたのようになりたいです。
Ⓑ いいえ、働きすぎですよ。いいことではありません。

05 物・芸術をほめる

1 超丁寧

This is an exceptional piece.
これは優れた作品です。

▶少し気どった言い方。piece =「(絵画・彫像などの)作品」。

2 普通

This is the most amazing work I've ever seen.
こんなに素晴らしい作品見たことない。

▶職人技の逸品に対して。work =「作品、著作」。

3

Whoever made this is a genius.
これを作った人は天才だ。

▶作者・芸術家をほめる時に。

目的に応じた表現

4

I could sit and stare at this all day.
1日中見てても飽きないよ。

5

I love this.
これすっごい好き。

▶ love を「好き、いいと思う」という感覚で、どんどん使ってみましょう。

Dialogue

Ⓐ **This is the most amazing painting I've ever seen.**
Ⓑ **I know. It's a favorite of mine, as well.**

Ⓐ こんなに素晴らしい絵、見たことないよ。
Ⓑ そうなの。私もこの絵が好きなのよ。

06 激励する

1 超丁寧

I have every confidence that you'll do a great job.
あなたならうまくやれると確信しています。

▶自信を失っている相手に。かなり丁寧。

2 普通

You have nothing to worry about!
何も心配しなくて大丈夫だよ!

▶「大丈夫!」のニュアンス。

3 普通 　親密

Good luck on your date!
デートがんばれよ!

▶日本語の「グッドラック」と同じニュアンスで。

4 普通

Break a leg.
がんばって!

▶ 演奏・面接など人前で何かをする人に対して、「うまくやってね」の意味で。

5 カジュアル 親密

Go get 'em, tiger!
よし、かましてやれ!

▶ 仲間を鼓舞する、親しみとユーモアのこもったかけ声。試合で監督が若い選手に「やってやれ!」とけしかける時や、異性に誘いを切り出す友達に「よし、行ってこい!」と激励する時などに使われます。tiger は「勇猛な人」というニュアンス。'em は them の略式。

Dialogue

A I'm so worried about my job interview today.
B You have nothing to worry about. You'll do great.

A 今日の面接のことがすごく心配で・・・
B 何も心配しなくて大丈夫だよ。うまくやれるよ。

07 なぐさめる

1 超丁寧

My condolences.
お悔やみ申し上げます。

▶訃報に。

2 丁寧　親密

I'm so sorry to hear about your dad.
お父さんのこと、お気の毒です。

▶ I'm sorry. は謝罪の他に、「お気の毒に／残念です」の意味で訃報や重病などの不幸に対して使われます。

3 普通　親密

I'm always here if you need me.
私にできることがあればいつでも言ってください。

▶頼ってほしい時に。

目的に応じた表現

4 普通

I know it's tough now, but it'll get better.
今はお辛いでしょうが、必ず良くなりますよ。

▶ どんな不幸に対しても使えます。

5 カジュアル

Hang in there.
しっかり!

▶ 落ち込んでいる相手や劣勢のチームに、「あきらめないで!」のニュアンス。

Dialogue

Ⓐ **I'm so sorry to hear about your mom.**
Ⓑ **Thanks. Yeah, it's been a tough time.**

Ⓐ お母さんのこと、お気の毒です。
Ⓑ ありがとう。本当につらくて・・・

08 賛成する

1 超丁寧

I concur completely.
全面的に賛成です。

▶作戦や対策などに納得して賛同する時に。

2 丁寧

I second that.
賛成です。

▶議会ではまず動議を出す人が I move that 〜=「〜を提議します」と発言し、それに対し誰かが I second that motion. =「その動議に賛成します」と発言すると次に投票が行われます。これに由来して「(発言や提案に) 賛成です／そうすべきです」を I second that. と言います。

3 普通

I couldn't agree with you more.
君と全く同感だよ。

▶この couldn't は強調のための否定で、I completely agree. =「完全に賛成です」と同じ。

目的に応じた表現

4 カジュアル

You got that right!
確かにそうだね!

▶ 気軽な賛同。相手がネガティブな意見や批判を言った時に。

5 カジュアル 若者

True dat!
その通り!

▶ That's true. = 「そうですね／その通り」を意味する俗語。

Dialogue

Ⓐ I think we should fire that new guy. He's terrible.
Ⓑ I couldn't agree with you more. He's useless.

Ⓐ あの新人クビにした方がいいよ。最悪。
Ⓑ 全く同感。役立たずだよね。

▶ fire =「クビにする」の口語。

09 反対する

1 丁寧

I see your point, but I just can't agree.
おっしゃりたいことはわかりますが、賛成は致しかねます。

▶丁寧ながら明確な反対。I see your point, but 〜＝「言いたいことはわかりますが・・・」とクッションを入れてオトナの言い回しを。

2 丁寧

Sorry, but I don't agree.
すみませんが、賛成できません。

▶真っ向から対立。

3 普通

I wouldn't say that.
そうとも言い切れないよ。

▶相手の意見に対して、やわらかな否定。

4 普通　　率直

I totally disagree.
まったく賛成できません。

▶ 強い反対。totally =「完全に、全面的に」。

5 カジュアル

You gotta be kidding.
冗談だろ。

▶「まさか」のニュアンス。

Dialogue

A **We should invite Yoshi to the party.**
B **Are you kidding? That guy's a total creep.**

A ヨシもパーティーに呼ぼうよ。
B 冗談でしょ? あいつ超気味悪い。

▶ creep =「不愉快な奴」の俗語。

10 許可を求める

1 超丁寧

Would it be possible to go home early today?
今日は早めに失礼させていただいてもよろしいでしょうか。

▶ 「〜は可能でしょうか」と丁寧に許可を求める時の決まり文句として、Would it be possible to ＋動詞＋〜？を覚えておきましょう。

2 丁寧

Would you mind if I used your computer?
あなたのコンピュータを使わせてもらってもいいですか。

▶ Would you mind if I ＋動詞の過去形＋〜？＝「〜してもいいですか」は丁寧に許可を求める決まり文句で、「いいですよ」と承諾する時は no か sure を使います。if I の後の動詞（used）は過去形が正しい形です。実際の会話では、相手が承諾するであろうとわかっている場合は現在形もしばしば使われますが、相手によっては失礼にもなります。

3 普通

May I go to the restroom?
トイレに行っていいですか。

▶ May I 〜？を Can I 〜？にすると、よりカジュアルになります。

目的に応じた表現

4 カジュアル

Is it OK if I sit here?
ここに座ってもいい?

▶ OK の代わりに all right も使えます。

5 らんぼう

Just let me do it, for Christ's sake!
俺にやらせてくれよ、頼むから!

▶ for Christ's sake =「頼むから、後生だから」。とても一般的な表現ですが、Christ、God、Jesus などを用いた表現は敬虔なクリスチャンに対しては良い印象を与えません。自分からは使わないのが無難です。

Dialogue

A **Hey, do you mind if I run out for a coffee?**
B **No, go ahead.**

A ねえ、ちょっとコーヒー買いに出てもいい?
B うん、どうぞ。

▶ run out =「ちょっと出かける、急いで行ってくる」。

11 断る・拒否する

1 丁寧

I really wish I could, but ...
そうしたいのはやまやまなのですが・・・

▶ but の後は、変更できない義務・予定を入れましょう。

2 丁寧

I'd love to help, but ...
ぜひ協力したいところですが・・・

▶ 手伝いを頼まれて。I would love to 〜＝「ぜひ〜したい」。

3 普通

Sorry, but I'll have to say no.
ごめんなさい。どうしても無理です。

▶ 勇気を出して断る時に。状況によっては失礼にもなるので注意。

4 普通

I just can't do it.
それはどうしてもできないんだ。

▶ しつこい相手に。

5 カジュアル

Are you kidding?
ふざけてるの?

▶ 「とんでもない!／できるわけない!」というニュアンス。

Dialogue

A I'd love to help, but I have to finish this project by tonight.
B In that case, don't worry about it.

A ぜひ協力したいところですが、このプロジェクトを今夜中に終わらせないといけないので。
B そういうことなら気にしないでください。

12 疑う

1 丁寧

There's something not quite right about this.
これは何かしっくりきませんね。

▶ 話ができすぎている時や、何か納得がいかない時に。not quite right =「少しおかしい」。

2 丁寧

With all due respect, I find that rather hard to believe.
失礼ではございますが、それはいかがなものかと思われます。

▶ with all due respect =「失礼ではございますが、お言葉を返すようですが」。丁寧に反論する時の前置き、決まり文句。この find は「(経験によって) 〜と思う」。rather は very (とても) の控えめな表現。

3 普通

I highly doubt that.
きわめて疑わしいと思う。

▶ 情報が疑わしい時に。highly =「大いに」。

目的に応じた表現

4 らんぼう / ののしり

That's pure bullshit.
それはただのでたらめだ。

▶ bullshit =「ウソ、でたらめ」の卑語。That's bullshit. =「それはウソだ／ありえない／納得できない」の決まり文句。

5 らんぼう / ののしり

You're so full of shit!
お前はウソばっかりだな!

▶ full of shit =「でたらめ、大げさ、ありえない」の卑語。

Dialogue

A **The guy at the car lot said this car has never had an accident.**
B **I highly doubt that. Just look at the paint.**

A 車売り場の人が、この車は事故なんてなかったって。
B かなり疑わしいな。この塗装を見てよ。

▶ car lot =「(中古車販売店などの) 車両売り場」。

13 延期する

1 丁寧

Would it be possible to postpone our meeting until next week?
ミーティングを来週まで延期していただくことは可能でしょうか。

▶ Would it be possible to ＋動詞＋〜？＝「〜することは可能ですか」と丁寧な言い回し。postpone ＝「延期する」。

2 丁寧

Could we reschedule tomorrow's meeting?
明日の会議の日程を変更できませんか。

▶ 社内で。reschedule ＝「〜の予定を変更する」。

3

We have to put our trip on hold.
旅行を延期しなければなりません。

▶ put 〜 on hold ＝「〜を保留する、延期する」。

4

I put off my dentist appointment until next week.
歯医者の予約を来週まで延ばすよ。

▶ put off =「延期する」は「したくないことを先延ばしにする／やむを得ず延期する」というニュアンスがあります。

5 カジュアル

Can I take a rain check?
また今度にしてくれる?

▶招待を断る時の決まり文句。rain check =「延期、次の機会」。

Dialogue

Ⓐ **Can we meet on Friday, instead?**
Ⓑ **Sorry, I can't do Friday. How about Saturday?**

Ⓐ 会うの金曜日にしてもらえない?
Ⓑ ごめん、金曜は無理なんだ。土曜日はどう?

▶ instead =「その代わりに」。変更・延期を提案する時に使えます。instead of 〜=「〜の代わりに」。

14 ののしる

1 らんぼう / ののしり

That guy is so fucking stupid.
あいつは大バカ野郎だ!

▶ fucking +形容詞／名詞で強調を表します。

2 らんぼう / ののしり

I'd love to pound the shit out of that guy.
やつを袋だたきにしてえ。

▶ pound the shit out of 〜=「（人）を袋だたきにする」の卑語。動詞＋ the shit out of ＋目的語で行為を強調する副詞の働きをします。

3 らんぼう / ののしり

She's such a fucking bitch!
ホントに嫌な女!

▶ bitch は女性をののしる一般的な卑語。「冷たい女」から「ふしだらな女」まで、状況に応じて多くの意味とさまざまなニュアンスを持ち、男性・女性ともに使います。
▶ 女性への蔑称は他にも prude（お堅い女）、slut（あばずれ）、whore（淫売）などがありますが絶対に使わないでおきましょう。

ののしり言葉いろいろ

idiot / jerk / asshole / douchebag / moron / dickhead / dipshit
バカ野郎・アホ・マヌケ・能無し・ろくでなし

fucker / motherfucker / scumbag / sleazeball / bastard
くそったれ・ろくでなし・げす野郎

▶ これらは基本的に相手を直接ののしるよりも、仲間同士で第三者の悪口を言う時に使われます。通常は He's such a 〜（やつはホントに〜）／ That guy's a total 〜（あいつは完全に〜）／ What a 〜（なんて〜）などに続けて言います。

▶ fuck や fucking 〜はカジュアルな日常会話ではよく使われる一方で、下品で乱暴な表現ゆえに f-bomb（f爆弾）とも呼ばれる強い卑語です。また、英語の中で最も下品で強烈とされる卑語には cunt（最低な女／最低な野郎）などがあります。これらは絶対に使わないでおきましょう。

▶ 女性が男性に対して、浮気された時などに投げつける「ろくでなし！」という罵声には jerk、asshole、bastard などがあります。You're bastard! などと使われます。

15 運転中にののしる

1 カジュアル

God, I hate Sunday drivers!
ったく、だから日曜ドライバーは嫌なんだよ!

▶ God =「神よ!」。驚き、感嘆、ののしり、絶望などを表します。gosh、goodness などは同様の婉曲表現。景色を楽しむ観光客のようにゆっくりと運転して、後続車の迷惑を気にしない車を指して Sunday driver =「日曜ドライバー」と言います。

2 らんぼう　ののしり

Pick a lane, idiot!
まっすぐ走れってんだ、バカ野郎!

▶ 車線変更をくり返したり、車線をまたがってふらふら走る車に。lane =「車線」。

3 らんぼう　ののしり

Stop riding my ass, dickhead!
あおってんじゃねえよ、バカ野郎!

▶ あおってくる後続車に。ride someone's ass は強者が弱者をいびるニュアンスで「(人)にしつこくする、いじめる」の卑語。「あおる」は tailgate とも言います。

目的に応じた表現

4 らんぼう　ののしり

Green means "go," idiot!
青信号の意味わかんねえのかよ、マヌケ！

▶信号の青は green。

5 らんぼう　ののしり

Hurry the fuck up, you moron!
早く行けよ、バカ！

▶ Hurry up! ＝「急いで！」を乱暴に強調するために the fuck の卑語が使われます。

6 らんぼう　ののしり

Get the fuck out of my way, you asshole!
邪魔なんだよ、バカ野郎！

▶ 5 と同様 Get out of my way! ＝「どいて！」を the fuck で乱暴に強調する卑語。

ネイティブ目線の会話術 ③
ノンネイティブは、
スラングをどの程度使うべきか

　ネイティブではない人がスラングを使いすぎると、これほど聞きづらいものはありません。私の友人が、アメリカに1年間留学していたという若い日本人の男性をつれて来ました。彼は"黒人スラング"を使って"スラムあがりのタフな自分"をアピールしようとしていましたが、そのとき私と一緒にいたアフリカ系アメリカ人の目には、ただの愚か者としか映っていないようでした。私たちの輪に溶け込もうとしていた彼でしたが、逆効果に終わってしまったのです。スラングは使いすぎないで！

　私の経験上、これは女性よりも男性に多くみられる問題のようです。むしろ日本人女性はスラングをもっと多く使った方がよいくらいで、英語がフォーマルすぎる傾向にあります。女性の皆さんはこれから、映画を観る時やネイティブの友人と会話する際に、本書のスラングがどれほど女性によって使われているか注目してみてください。日常の場面で乱暴なスラングを使う女性が少なくないことに驚くことでしょう。

　もちろん、酔いどれの船乗りのように下品なスラングを話そうとする必要はありません。でも、男性でも女性でも、親しい友人といる時に活き活きとしたスラングを少し使えば、自分がくつろいでいることが伝わり新しい輪の中に打ち解けることができるはずです。

第4章
感情・感覚・体調を伝える表現

この章は、感情をこめて表情豊かに話すのが好きな人には特に役立つ内容になっています。英語は、シンプルな単語を使いながら表現の強弱で気持ちを表す感情的な言語です。例えば、ネイティブは delicious（素晴らしくおいしい）という表現はめったに使いません。むしろ、good や great のようなシンプルな単語を使い、おいしさの度合いは声の調子や顔の表情で表す方が多いのです。ですから、「感情を英語で表すために、たくさんの形容詞を覚えなきゃ！」とあせる必要はありません。ただ心のままに表現してみましょう！

01 楽しい

1 丁寧

I had a wonderful time.
素晴らしい時間を過ごしました。

▶デートやホームパーティーの後などに。やや形式的。

2

I had such a phenomenal time.
素晴らしい時間でした。

▶such (a) ＋形容詞＋名詞で「とても〜な〜だ」という強調を表します。phenomenal ＝「驚くべき、素晴らしい」。同義で amazing も。

3

I had a great time.
楽しかったです。

▶great の代わりに incredible ＝「すごい、素晴らしい」も。

感情・感覚・体調を伝える表現

4 カジュアル　親密

I had a blast.
盛り上がったよ。

▶大勢で盛り上がったパーティーや旅行などで。blast =「楽しいひととき、刺激的な体験」の俗語。

5 カジュアル　親密

That party was a total riot.
あのパーティーはやばかったね。

▶パーティーで騒いだ後やジェットコースターに乗った直後などに「激しく熱狂した／すごかった」というニュアンスで使われます。riot は「暴動」の他に「お祭り騒ぎ、どんちゃん騒ぎ」の意味もあります。

Dialogue

Ⓐ **I had a wonderful time. Thanks for inviting me.**
Ⓑ **No problem. I'm glad you enjoyed it.**

Ⓐ 素晴らしい時間を過ごしました。ご招待ありがとうございます。
Ⓑ いえいえ。楽しんでもらえて何よりです。

02 気持ちがいい・気分がいい

1 丁寧

This is breathtaking.
これは素晴らしい。

▶絶景を見た時に。breathtaking =「息をのむような、驚異的な」。

2

This is the best moment of my life.
今までの人生の中で最高の瞬間です。

▶表彰式などで感無量の時に。

3

I feel great.
いい気分だよ。

▶風邪が治った後などに。

感情・感覚・体調を伝える表現

4

I feel like a million bucks.
最高の気分だよ!

▶ 気分や体調が絶好調の時に。million bucks は million dollars と同じ。「100万ドル」から転じて「絶好調、魅力的、最高」の口語。

5 カジュアル

What a rush!
快感!

▶ ジェットコースターに乗った後などに。rush =「快感、気分の高揚」の俗語。

Dialogue

Ⓐ **Wow, you're in a good mood today.**
Ⓑ **You bet I am. I have a date with Chris tonight.**

Ⓐ ワオ、今日はご機嫌みたいだね。
Ⓑ もちろん。今夜クリスとデートなの。

▶ You bet =「そうとも、いいとも、もちろん」。Yes よりも強い肯定を表したい時に。

03 喜び

1 超丁寧

I'm delighted to be here today.
本日この場に参加できて、とても光栄です。

▶講演会やセレモニーなどで聴衆を前にして。delighted =「うれしい、感激して」の代わりに thrilled =「心躍って、感激して」も使えます。

2 丁寧

I can't tell you how happy I am to hear this.
これを聞いて言葉では表せないくらいうれしいです。

▶良い知らせ・結果などに。「結果を心配していたけど・・・よかったです」というニュアンスで。

3

I couldn't be any happier.
こんなにうれしいことはないよ。

▶ happier for you にすれば、相手の幸せを喜ぶ表現に。

感情・感覚・体調を伝える表現

4

I'm so glad you came.
あなたが来てくれてよかった。

▶ I'm (so) glad は気軽に「うれしい」と言う時にいつでも幅広く使えます。

5 カジュアル 親密

I'm stoked about this trip!
旅行、ワクワクする!

▶ 旅行の前の興奮。be stoked about =「〜にワクワクして、興奮して」の俗語。

Dialogue

Ⓐ I can't tell you how happy I am to see you again.
Ⓑ Me too. I've really missed you.

Ⓐ またお目にかかれて、言葉では表せないくらいうれしいです。
Ⓑ 私もです。本当に会いたかった。

▶ miss someone =「(人) がいなくて寂しい、恋しい、会いたい」。I'll miss you. =「寂しくなるよ」は長いお別れの前に。I missed you. =「会いたかったよ」は久しぶりの再会で。

04 感動

1 丁寧

That was nothing short of amazing.
まさに驚がく的と言わざるを得ない。

▶素晴らしい演奏の後などに。nothing short of 〜＝「〜以外のなにものでもない、〜と言わざるをえない」。

2

It's very moving.
胸をうたれるわ。

▶とても強い感動で、胸をうたれた時に。ささいなことに対しては使われません。

3

That was amazing.
すごかった。

▶感動を表す最も一般的な表現。いつでも、何に対しても使えます。

感情・感覚・体調を伝える表現

4 カジュアル

That was out of this world.
この世のものとは思えなくらい素晴らしかったわ。

▶ out of this world =「(この世のものとは思えないほど)素晴らしい」の口語。演奏や料理などに。That was ~ は終わった直後に、It was ~ は時間が経ってから「こないだの~」とふり返る時に。

5 カジュアル

That blew my mind!
ぶっとんだよ!

▶ 熱狂したコンサートの後などに。blow someone's mind =「(人)を圧倒する」の俗語。

Dialogue

A **Oh my God. That was just amazing.**
B **I know. That was out of this world.**

A 信じられない。とにかくすごかったわ。
B うん。この世のものとは思えないくらい素晴らしかったね。

05 怒り

1 丁寧

To be honest, I was quite upset about it.
正直なところ、それについてわりと憤りを感じていました。

▶怒りを控えめに表現する時に。upset＝「腹を立てて、憤慨して」。

2 丁寧

I was irate about it.
怒りを禁じえませんでした。

▶irate＝「激怒した」。強い怒りを覚えながらも、感情の制御はできているというニュアンス。irateの代わりにlividも同義で使えます。

3 普通

I was pretty angry when I heard that.
それを聞いてかなり頭にきたよ。

▶prettyはvery/quiteと同義の口語で「かなり、けっこう」。

感情・感覚・体調を伝える表現

4 カジュアル

I'm just furious about what she said.
彼女が言ったことに、猛烈に腹が立ってるの。

▶ furious =「怒り狂った」は感情をコントロールできないほどの強い怒りを表します。

5 らんぼう （ののしり）

I'm so fucking pissed off right now.
今すっげームカついてるから。

▶ I'm so fucking + (happy、tired、hungry など) で形容詞を下品に強調する、とても一般的な卑語。be pissed off =「ムカついてる、頭にきてる」の決まり文句、卑語。

Dialogue

Ⓐ **I'm so mad at you.**
Ⓑ **Why? What did I do?**

Ⓐ あなたに超腹立ってるんだけど。
Ⓑ 何で? 僕が何したっていうの?

▶ mad at someone =「(人) に対して腹を立てる」。mad about 〜も同様に怒りを表しますが、「〜に夢中である」という意味もあります (主に〈英〉)。

147

06 落胆

1 超丁寧

These latest results are quite discouraging.
最新の営業成績は思わしくありません。

▶職場で使える、客観的な言い方。discouraging =「思わしくない、がっかりさせる」。

2 普通（親密）

I'm feeling a little down today.
今日は少し落ち込んでるの。

▶親密な相手に悩みを相談したい時に。feel down =「落ち込む、気が滅入る」。

3 カジュアル

I feel so depressed today.
今日はすごく憂鬱な気分なんだ。

▶とにかく憂鬱・気が滅入る時に。

感情・感覚・体調を伝える表現

4 カジュアル

I'm totally bummed.
超へこんだよ。

▶ 嫌な経験や知らせに、一時的に落ち込んだ時に。bummed =「落ち込んだ、がっかりした」の俗語。

5 カジュアル

My life sucks.
俺の人生最悪だよ。

▶ 人生がみじめに思えた時に。sucks =「最悪だ」のくだけた言い方。This machine sucks! =「この機械、最悪！」のように使われます。

Dialogue

Ⓐ **I just feel like, "What's the point (of life)?"**
Ⓑ **Yeah, I know what you mean.**

Ⓐ「何のために生きてるんだろう」って思うよ。
Ⓑ うん、キミの言いたいことわかるよ。

▶ What's the point? は「つまりどういうこと？」という意味の他に、「こんなの意味無いよ／無駄だよ」という意味でよく使われます。

07 恥ずかしい

1

I've never been so humiliated.
これほど屈辱を受けたことはありません。

▶恥をかかされた時に、忸怩たる思いで。

2

I've never been so ashamed.
これほど恥ずかしい思いをしたことはありません。

▶罪悪感をともなう時に。

3

This is so embarrassing.
これはすっごく恥ずかしい。

▶「気恥ずかしい」というニュアンスで。彼氏が酔って大声で歌いだした時や、人前で派手に転んだ時などに。

感情・感覚・体調を伝える表現

4 カジュアル

> **I feel like such an idiot.**
> 俺はなんてマヌケなんだ。

5 カジュアル

> **I want to crawl into a hole and die.**
> 穴があったら入って死にたいわ。

▶ crawl into a hole =「穴に這い入る」。日本語の「穴があったら入りたい(ほど恥ずかしい)」と同義。

Dialogue

> Ⓐ **I just can't face her after what I said.**
> Ⓑ **Why? What did you say?**
>
> Ⓐ あんなこと言っちゃって、彼女に合わせる顔がないよ。
> Ⓑ どうして? 何て言ったの?

▶ can't face =「(恥ずかしくて)合わせる顔がない」。

08 後ろめたい

1 超丁寧

I truly regret having done that.
自分のしたことを心から後悔しています。

▶ truly =「心から」で誠意を。having ＋過去分詞で「〜をしてしまって」と完了を表します。

2

I feel sorry about last night.
ゆうべのこと、すごく申し訳なく思っています。

▶ feel sorry で「申しわけなく思う」という後ろめたさを表現。

3

I feel terrible about this.
すごく申し訳なく思っています。

▶ 自分のせいで相手に大きな迷惑がかかった時に。terrible =「ひどい、気がとがめる、困った」。

感情・感覚・体調を伝える表現

4

I feel so guilty.
すごい罪悪感を感じる。

▶ feel guilty =「気がとがめる、後ろめたい」。

5 カジュアル

I feel like shit about this.
最低の気分だ。

▶ feel like shit =「気分が悪い」。「後ろめたい」という後悔の念から「飲みすぎて気持ちが悪い」まで、いろいろな意味で幅広く使われる卑語。

Dialogue

A **I lost my job because of your big mouth.**
B **I'm so sorry. I feel like shit about this.**

A キミの口が軽いせいで失業しちゃったよ。
B 本当に申し訳ない。最低だよ。

▶ big mouth =「おしゃべり、軽口」。秘密を守れない人に。

09 驚き

1

This is really a nice surprise.
これはうれしい驚きです。

▶友人・知人が誕生日を覚えていてくれた時などに。

2

I was taken aback by his tone.
彼の言い方にはびっくりしたわ。

▶ be taken aback by 〜 =「〜に不意を突かれる」。tone =「声の調子、言い方」。

3

I was stunned when I heard the news.
そのニュースを聞いた時は、あぜんとしました。

▶ be stunned =「あぜんとして」。

感情・感覚・体調を伝える表現

4 カジュアル

Are you serious?!
ホントに?

▶ Holy shit! Are you serious? =「すげー! マジかよ?」で、少し下品ですがとてもよく使われる俗語になります。

5 カジュアル

I'm just blown away.
たまげた。

▶ 衝撃的な事実に。be blown away =「圧倒された」。

Dialogue

A Jenny, will you marry me?
B This is so unexpected. I don't know what to say.

A ジェニー、結婚してくれないか。
B ずいぶん突然ね。何て言っていいか・・・

10 おいしい

1

This is the best steak I've ever had.
こんなにおいしいステーキは食べたことがありません。

▶ 場所や相手を選ばず使えます。最上級＋I have ever＋過去分詞は、最上級を強調する時にとても便利な表現。

2

This is delicious.
これは実に美味です。

▶ delicious =「とてもおいしい、並外れて美味」。この語は特別な料理を食べて本当においしい時にのみ使われる、強い意味とニュアンスがあります。ファーストフードやファミレスの料理ではなく、心のこもった手作りの料理に対して使いましょう。

3

This tastes great!
これはすごいおいしい!

▶ 予想以上においしくて、びっくりした時に。

感情・感覚・体調を伝える表現

4

This is pretty good.
けっこううまいね。

▶ 日常生活で使われる「おいしい、うまい」のほとんどは、英語では good や great で表現されます。pretty は very/quite と同義の口語で「かなり、けっこう」。

5 カジュアル

mmm ... yummy!
ん〜、うま!

▶ yummy =「おいしい」は本来は幼児語。料理を口にした時にもれる軽い感想。This is yummy. とはあまり言いません。

Dialogue

Ⓐ **This burrito is great. I love it.**
Ⓑ **Really? Thanks. I'm glad you like it.**

Ⓐ このブリトー、おいしいよ。すごく好きな味です。
Ⓑ 本当に? ありがとう。喜んでもらえてうれしいわ。

11 まずい

1 丁寧

No more for me, thanks. But I would love a little more of the pasta.
もう結構です。でも、パスタをもう少しいただきます。

▶目上の人に「まずい」とは言えないので・・・

2 普通

Actually, it tastes a little funny.
実は、ちょっと変わった味がするんですよね。

▶変な味のもの・傷んだ食べ物などに。funny =「変な」。

3 普通 率直

This is awful.
これはひどい。

▶ストレートに。awful =「ひどい、不快な」。

感情・感覚・体調を伝える表現

4 普通 率直

This is disgusting.
これはまずい。

▶ disgusting =「気分が悪くなるような、吐き気をもよおすような」。gross =「気味が悪い、キモい」を表す米俗語も同義。

5 カジュアル

Oh, yuck!
オェッ。

▶ ひどいものを口に入れて、「ゲ、吐きそう」という感じで。形容詞（米俗語）は yucky。

Dialogue

A **Oh my God. This is so gross.**
B **I know. I think I'm gonna puke.**

A 最悪。これ超まずい。
B ホントに。俺吐きそう。

▶ puke =「嘔吐する」の俗語。女性が言う場合は同義で throw up を。

159

12 体調いろいろ

CD 73

1

I'm a little under the weather.
体の具合があまり良くありません。

▶ under the weather ＝「体調が悪い」の口語。原因・症状をはっきり言いたくない時に。

2

I'm not feeling very well.
体調があまり良くない。

▶風邪のひき始めなど、体調・気分が悪い時に。

3

God, I feel awful.
まったく、最悪の気分だ。

▶インフルエンザや強い二日酔いで苦しい時に。

4

I'm exhausted.
疲れた。

▶くたくたに疲れた時に。

感情・感覚・体調を伝える表現

5

My head is killing me.
頭が痛くて死にそうだ。

▶ 頭痛。My（部位）is killing me. で体の痛みを表現できます。

6

I'm feeling a little dizzy.
少し頭がくらくらする。

▶ dizzy =「頭がくらくらする、めまいがする」は woozy も同義で使えます。

7

I'm completely hungover.
完全に二日酔いだ。

▶ hungover は形容詞で「二日酔いの」。名詞は hangover =「二日酔い」（つづりに注意）で I have a hangover. のように使われます。

8 カジュアル　下品

I've got the runs.
腹下しててさ。

▶ the runs =（常に複数形で）「下痢 (diarrhea)」と同義、親しい人のみに言います。the shits は同義の卑語。

13 体重について

1

I've put on some weight lately.
最近少し太っちゃって。

▶ put on weight =「太る」。

2

I put on a few pounds over Christmas.
年末に少し体重が増えた。

3

I've really let myself go lately.
最近超なまけててさ。

▶ 運動不足の時に。let oneself go =「なまける」。

4

I'm totally out of shape.
体のラインがやばい。

▶ be out of shape =「(運動不足で)体形がくずれている」。また「(運動不足で)体がなまっている、調子が悪い」の意味もあります。

感情・感覚・体調を伝える表現

5 カジュアル

She's a little bit on the plump side, isn't she.
彼女は少し肉付きのいい方ですよね。

▶ plump =「ぽっちゃりした」。fat(太った)の控えめで悪意のない言い方です。

6 カジュアル

She's such a fatty.
彼女はすごくおデブさんですね。

▶ fatass =「デブ」はより軽蔑的な卑語。

7 カジュアル 男性

Nice beer gut, dude!
なかなかいいビール腹してんじゃねえの、おい!

▶ 男同士で。久しぶりに会った飲み仲間と。beer gut =「ビール腹」の俗語。

8 カジュアル 男性

I need to do something about this spare tire.
このビール腹、何とかしなきゃ。

▶ I need to do something about 〜 =「〜を何とかしなければならない」。spare tire =「(男性の)腹回りの肉、ビール腹」をタイヤに例えて。

163

14 体調管理

1

I need to get into shape.
シェイプアップしなきゃ。

▶ get into shape = 「シェイプアップする」。

2

I'm going to hit the gym tonight.
今夜はジムに行ってきます。

▶ hit =「行く、訪れる」のくだけた表現。hit the shower（スポーツの後にシャワーを浴びる）、hit the club（クラブに行く）、hit the road（出発する）、hit the sack（床につく＝寝る）など。

3

I've been working out lately.
最近トレーニングをしてます。

▶ work out =「（定期的に）トレーニングする」。筋トレやフィットネスクラブでの運動・エクササイズを指します。

感情・感覚・体調を伝える表現

4

I'm going to go on a diet.
ダイエットを始めるよ。

▶ go on a diet =「ダイエットをする」。

5

I'm going to eat right from now on.
これからは正しい食生活を心がけます。

▶ eat right =「正しい食生活をする」。揚げ物をひかえて野菜を多めに。from now on =「これからは」。

Dialogue

Ⓐ **I need to get into shape.**
Ⓑ **Me, too. Hey, why don't we hit the gym tonight?**

Ⓐ シェイプアップしないと・・・
Ⓑ 僕も。ねえ、今夜ジム行かない?

▶ Why don't we 〜 =「〜しませんか、〜しましょう」。Let's 〜と同義の勧誘表現で、よりカジュアルな言い方。

ネイティブ目線の会話術 ④
"自然な英語"を話すコツ、告白します!

　この本は、あなたが自然な響きの英語を話せるようになることを目標としています。その簡単な方法の1つとして、"英語にはない表現"を避けることが挙げられます。例えば、私は大学の授業で生徒から「ご苦労様でした」は英語でどう言えばよいのか、とたまに聞かれます。その表現は英語にはないよ、と答えるのですが、それを聞いても "Thank you for your effort today." と言いながら教室を出ていく生徒は少なくありません。そう言われて嬉しいですが、決して自然な英語ではありません。

　もう1つのよい例が"告白"です。欧米の英語圏では、大人が "Please be my girlfriend."（僕の彼女になってください／付き合ってくれない?）と告白することはあまりありません。恋愛を始める時や進める時に、勇気を出して告白する必要はないので安心してください。好きと思う相手をまずは週末の食事や外出に誘いましょう。そしてなるべく多くの時間を共に過ごしていく中で、あなたが思うこと・感じることを自由に言えばよいのです。そして強い愛情を言葉で伝えたい時には、恋愛がある程度進んだ段階で "I think I'm in love with you."（キミのこと、愛してると思う）などと言えばよいでしょう。

　最後に、いくつか気をつけるべき表現があります。kindness（ご親切）、delicious（素晴らしく美味）、moved（心を打たれる）、honored（光栄な）などの、感動や感謝にまつわる言葉です。実はこれらは、本当に特別な場合のみに用いられる強い表現なので、日常会話で過度に使うとネイティブには奇異に響くのです。男性の場合は、使いすぎると少し"オネエっぽく"聞こえてしまいます。自然な英語を話すためにはまず、それぞれの場面でネイティブがどのような言葉や表現を使っているのかよく聞いて、それをその場で真似してみてください。真似を繰り返しているうちに、すぐにネイティブのような話し方が身につくはずです。

第5章
恋愛の表現

私たちが外国語を学ぶ主な理由の1つに、恋愛があります。場所は関係ありません。海外のレストランであろうと福岡の屋台であろうと、そこであなたが外国人に恋をすれば、外国語を学ぶ強力なモチベーションとなるのではないでしょうか。ネイティブとの恋愛を可能にするために、この章にはデートに誘う言葉、自分の想いを伝える表現、そしてプロポーズの言葉まで、恋愛シーンで使えるさまざまなフレーズが収録されています。さらに、どうしても必要な場合にそなえて…痴話げんかで使われる表現、浮気した彼氏をあなたの家から締め出す表現、そして完全にお別れしたい時に使える表現も用意しました。

01 恋に落ちて

1

I've completely fallen for her.
彼女に完全に惚れた。

▶ fall for someone =「(人) に恋に落ちる」。

2

I've never felt like this before.
こんな気持ち初めて・・・

▶甘くせつないときめき。

3

I'm head over heels in love.
彼に首ったけなの。

▶ head over heels (in love) =「首ったけ、夢中」。恋愛の決まり文句。

恋愛の表現

4
若者

I have a crush on him.
彼が好きなの。

▶ have a crush on someone ＝「(人)に夢中になって」。思春期の若者が使う言葉。

5

I'm smitten!
彼にぞっこんなの!

▶ smitten ＝「首ったけの、夢中の」の俗語。

Dialogue

Ⓐ **I have a bit of a crush on him.**
Ⓑ **A bit? You're smitten. Ask him out.**

Ⓐ 彼のこと、ちょっと好きなの。
Ⓑ "ちょっと"？ ぞっこんなんでしょ。誘ってみなよ。

▶ ask someone out ＝「(人)をデートに誘う」。

02 デートに誘う

1 丁寧

I'd love to take you out for dinner sometime.
今度お食事でもいかがですか。

▶興味がある相手に、まずは食事の誘いから。I would love to ～=「ぜひ～したい」。

2

Would you go out with me?
どっかに行かない?

▶デートに誘う決まり文句。

3

Why don't you let me show you around next weekend?
来週末この辺を案内しましょうか。

▶相手の気持ちがまだわからない時に。show someone around =「(人)に案内する」。

恋愛の表現

4 若者

Hey, let's hang out next weekend.
ねえ、来週末どっか行こうよ。

▶ hang out =「たむろする、ぶらぶらする、一緒に何かをする」の若者言葉。

5

Come on! Let's go out. It'll be fun.
いいじゃん! 出かけようよ。絶対楽しいって。

▶ 「忙しい」と言われて、説得する時に。go out =「出かける、遊びに行く」。

Dialogue

Ⓐ **Why don't you let me show you around Kyoto this weekend?**
Ⓑ **Sure. That sounds like fun.**

Ⓐ 今週末、京都を案内しましょうか。
Ⓑ いいですね。楽しそう。

03 誘いを受ける

1 丁寧

I would love to go out with you.
喜んでご一緒させてもらいます。

▶外出の誘いを丁寧に受ける時に。デートに誘われてこれを言うと、かなり好意があると取られるかもしれません。

2

I'd like that.
ええ、喜んで。

▶ちょっとクール。オトナの無難な言い方。

3

Sure! That sounds like fun.
いいね! 面白そう。

▶気軽に。

4

> **Sure. Why not?**
> うん、いいけど。

▶ まあまあ乗り気。Sure. Why not? =「いいよ」は相手の申し出に応じる決まり文句。

5 カジュアル 若者

> **Sure. I'm all over that!**
> いいね。絶対行くよ!

▶ 若者言葉。I'm all over that. は「ぜひ」という積極的な賛同。I'm all over it. は「(仕事などを) まかせて」と自信を持って請け負う時にも使われます。

Dialogue

> Ⓐ **Would you like to go out for dinner tomorrow?**
> Ⓑ **Sure, why not? You seem like a nice guy.**
>
> Ⓐ 明日の夜、食事でも行きませんか。
> Ⓑ ええ、いいわ。あなたいい人みたいだし。

04 誘いを断る

1

I'm really sorry, but I have to go to a friend's wedding.
申し訳ありませんが、友人の結婚式に出席しなくてはならないので。

▶キャンセルできない予定を言い訳にしましょう。

2

I'd love to go, but I'm helping a friend move.
できれば行きたいのですが、友人の引越しを手伝うので。

▶言い訳その2。

3

It sounds fun, but I have a million things to do this weekend.
面白そうだけど、今週末はやることがいっぱいあるんだよね。

▶ million ＋複数名詞＝「とてもたくさんの〜」。sound 〜＝「〜のように思われる」。

恋愛の表現

4 カジュアル 率直

To be honest, that sounds kind of boring.
正直、それちょっとつまらなそう。

▶友達には率直に。to be honest =「正直に言えば」は本音を切り出す時にとても便利な表現。

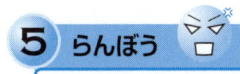

5 らんぼう

What part of the word NO don't you understand? Stop calling me!
やだって言ってんのがわかんないの？ もう電話してこないでよ！

▶しつこい相手に。NO を強めに言いましょう。

Dialogue

Ⓐ **Would you like to see a movie on Saturday?**
Ⓑ **Sorry, but I'm going to Sendai for the weekend.**

Ⓐ 土曜日、映画を観に行きませんか。
Ⓑ ごめんなさい。週末は仙台に行くので。

05 愛情表現いろいろ

1

I've never loved anybody the way I love you.
こんな風に誰かを愛したことはなかったわ。

▶愛を告白。

2

I love you with all my heart.
君を心から愛してるよ。

▶贈り物に添えるカードに書いてもいいでしょう。

3

I'm crazy about you.
君に夢中なんだ。

▶友達に「彼女に夢中なんだ」と言う時は、crazy の代わりに I'm nuts about her. なども使えます。

恋愛の表現

4

You mean everything to me.
君は僕のすべてなんだ。

▶ この mean は「大切である」という意味。

5

I can't live without you.
あなた無しでは生きていけない。

▶ 恋人と離ればなれになる時にこれを言えば、強い愛情表現になります。

Dialogue

Ⓐ **I love you, Lisa.**
Ⓑ **I love you, too. With all my heart.**

Ⓐ 愛してるよ、リサ。
Ⓑ 私も。心から。

06 結婚

1

Will you marry me?
結婚してください。

▶定番。片膝をついて、指輪を捧げながら言うのが一番クラシック。

2

I want to spend the rest of my life with you.
残りの人生を君と一緒に過ごしたいんだ。

▶ Will you marry me? を言う前のセリフ。

3

I want to get married.
結婚したいの。

▶あせり気味。

恋愛の表現

4

Let's take the plunge!
結婚しよう!

▶ take the plunge =「思い切って何かをする」の意味。これを男女関係の文脈の中で言えば「結婚する」を意味します。

5

Let's get hitched!
結婚しちゃおうぜ!

▶ get hitched = get married と同義で「結婚する」の少し田舎っぽくてダサい言い方。

Dialogue

Ⓐ **If you don't put a ring on my finger, I'm going to find somebody who will.**
Ⓑ **It's not that I don't want to… just give me a little more time.**

Ⓐ 私に指輪をはめてくれないなら、他に結婚相手を探すわ。
Ⓑ 結婚したくないわけじゃないんだ・・・もう少し時間をくれないか。

07 別れを告げる

1

I don't think we're right for each other.
僕たちは合わないと思うんだ。

▶価値観の違い。He's not right for Meg. =「彼はメグには合わないわ」。

2

We need to talk.
話しがあるんだ。

▶これを言われたら、ふられることを覚悟。深刻な話をもちかける時に使います。

3

It's not you, it's me.
悪いのはあなたじゃなくて私なの。

▶口論や修羅場を避けて終わりにしたい時に便利。

恋愛の表現

4

I want to break up.
別れたいの。

▶冷静に、ストレートに。break up =「(男女が) 別れる」。

5 らんぼう　ののしり

Get the fuck out of my house. We're through!
出てって。あなたとは終わりよ!

▶壮絶な痴話げんかで。get the fuck out =「出てけ」の卑語。be through =「終えて、終わって」。

Dialogue

A **It's not you, it's me.**
B **Yeah, whatever. Just get the fuck out of my house.**

A 悪いのはキミじゃなくて僕だ。
B どうでもいいわ。とにかく出てって。

▶ whatever はここでは「なんでもいい、どうでもいい」の口語。

08 別れの理由

1

I just need some time to think things through.
少し考える時間がほしいの。

▶自然消滅したい時に便利。think through ＝「じっくり考える」。

2

I love you ... but I'm just not IN love with you.
君のことは好きだけど・・・愛とは違うような気がするんだ。

▶ちょっと理屈っぽい言い方。

3

I'm tired of always fighting.
もうケンカばかりしてるのに疲れたよ。

▶冷静に。

4 らんぼう

You lie to me and you treat me like shit.
あなたは嘘つくし、私にひどいことするし。

▶怒りとともに。treat someone like shit =「(人)を邪険にあつかう、(人)にひどいことをする」。

5 らんぼう

I'm tired of your constant bitching.
お前の文句はもうたくさんだ。

▶ bitch =「文句を言う、愚痴を言う」。bitch about 〜の形でよく使われます。

Dialogue

A **You treat me like shit!**
B **I do not. Stop being such a drama queen.**

A あなた私に対してひどいわ!
B そんなことないよ。悲劇のヒロインぶるのはやめろよ。

09 ふられて

1

My girlfriend just broke up with me.
彼女にさっきふられたんだ。

▶ just =「つい先ほど、さっき」。

2

I can't believe she tossed me out of my own house!
まさか自分の家から追い出されるなんて思わなかったよ!

▶妻から追い出された夫。toss out =「放り出す」。

3

I just got dumped.
さっきふられたんだ・・・

▶やけ酒を飲みながら。get dumped =「ふられる」。

恋愛の表現

4 らんぼう 〔ののしり〕〔女性〕

I can't believe that son of a bitch was cheating on me!
信じられない、あのろくでなし。浮気してたのよ!

▶ son of a bitch =「ろくでなし、悪い男」。cheat on someone =「(人)を裏切る、浮気する」。son of a bitch を bitch にすれば男性も使えます。

5 らんぼう 〔ののしり〕〔男性〕

That two-timing bitch left me for my best friend!
あの二股女、俺の親友に乗り換えやがった!

▶ two-timing =「二股をかけている」。

Dialogue

Ⓐ **I can't believe that bastard was cheating on me.**
Ⓑ **I told you that you couldn't trust him.**

Ⓐ 信じられない、あのろくでなし。浮気してたのよ!
Ⓑ あいつは信用できないって言ったでしょ。

10 すれ違い

1

Is there somebody else?
他に誰かいるの?

▶ 泣きながら。恋愛映画でよく聞くフレーズ。

2

Is there something I should know about?
俺に何か言うことない?

▶ 冷静に、静かに言うと効きます。

3

I'm tired of you putting me down all the time.
いつもけなされてばっかりで、もうガマンできない。

▶ put someone down =「(人) をけなす」。

恋愛の表現

4 らんぼう

You can be such a bitch at times.
お前ときどき本当に嫌な女になるよな。

▶ 女性に。at times =「時々」。

5 らんぼう ののしり

You're an asshole!
ろくでなし!

▶ 彼氏にひどいことを言われたりされたりした時に。asshole と同義で bastard も使えます（P.133 を参照）。

Dialogue

Ⓐ I can't believe you just said that. You're such a bastard.
Ⓑ I'm sorry! It just slipped out.

Ⓐ 今なんて言った? 信じられない。このろくでなし。
Ⓑ ごめん! 口がすべった。

▶ slip out =「口がすべる」。

11 仲直りする

1

I didn't mean those things I said.
あんなこと言うつもりはなかったんだ。

▶言葉で傷つけたことを謝る時に。I didn't mean it. =「そういうつもりじゃなかった」の決まり文句。I mean it. =「本気で言ってるんだよ」もよく使います。

2

I'm sorry I doubted you.
疑ってごめんなさい。

▶嫉妬を反省。

3

I'll do anything to make it up to you.
許してくれるなら何でもするよ。

▶必死に。make it up to someone =「(人)に償いをする」。make up with someone =「(人)と仲直りする」。

恋愛の表現

4

I'm glad we're back to normal.
もとに戻れてうれしいよ。

▶ ようやく仲直り。back to normal =「正常な状態に戻る」。

5

I think it's time for some make up sex.
仲直りのセックスしましょう。

▶ make up sex =ケンカの後の、関係修復のためのセックス。

Dialogue

A I'm really sorry. I didn't mean those things I said.
B That's OK. I'm sorry, too. So we're OK?

A 本当にごめん。あんなこと言うつもりはなかったんだ。
B いいのよ。私も悪かったわ。これで仲直りよね?

12 もっと真剣に付き合う

1

I want to introduce you to my parents.
俺の両親に会ってもらえないか。

▶真剣に付き合う時に。

2

I think we should take this relationship to the next level.
もう少し真剣に私たちの将来のことを考えたいの。

▶同棲や結婚を考える時に。take 〜 to the next level =「〜を次の段階に進める」。

3

I want to move in together.
一緒に暮さない?

▶ move in =「引っ越してくる、入居する」。

恋愛の表現

4

I'm tired of being in second place.
もう2番目ではいたくないの。

▶ 仕事中心の相手に。別れを覚悟で関係をはっきりさせたい時にも。I'm tired of ～=「もう～は嫌だ、うんざりだ」。

5

I'm not looking for a friend, here.
オトモダチが欲しいわけじゃないのよ。

▶「ただの友達じゃなくて、ちゃんと付き合いたい！」という時に。ちなみに「カラダだけの関係はもうイヤだ」という時には、friend を fuck buddy =「セフレ」の卑語に置きかえて使えます。

Dialogue

Ⓐ I want more of your time. I'm tired of being in second place.
Ⓑ I'm sorry, but I can't quit my job.

Ⓐ もっと一緒に時間を過ごしてほしいの。もう2番目ではいたくないの。
Ⓑ ごめん。でも仕事は辞められないんだ。

● **著者紹介**

Michael Critchley　マイケル・クリチェリー

1965年カナダのブリティッシュ・コロンビア州生まれ。1988年にブリティッシュ・コロンビア州立大学理学部生物学科（遺伝子学専攻）卒業。1989年にフィレンツェでイタリア語のMagister Linguae取得、2000年に日本語能力試験1級取得。2000年にオーストラリアのウォロンゴン大学大学院英語教育（TESOL）および第二言語習得の修士課程修了。1989年にフィレンツェとベルリンで英語講師。1992年に来日、城西大学女子短期大学部研究員。1996年以降、城西国際大学助教授。専門は言語習得とバイリンガリズム。2000年に『英語教授法』（アルク）に「留学前に知っておきたいTESOLの基礎理論」を寄稿。現在はオンライン語学学習サイトukindi.comの共同創設者として開発に携わる。趣味は様々な旅行先でその地域の言語に親しむこと。
主要著書：『Encounters ―すぐ使えるキャンパス英語　Book 1 & Book 2』、『Encounters Abroad ―すぐ使える海外旅行英語』（南雲堂）。

カバーデザイン	滝デザイン事務所
本文デザイン＋DTP	南 貴之（デジカル・デザイン室）
翻訳＋編集協力	熊谷 徹
CD編集	（財）英語教育協議会（ELEC）
CD制作	高速録音株式会社

J新書⑫
敬語からスラングまで くらべてわかる英会話

平成22年（2010年）7月10日　初版第1刷発行

著　者	マイケル・クリチェリー
発行人	福田富与
発行所	有限会社　Jリサーチ出版
	〒166-0002　東京都杉並区高円寺北2-29-14-705
	電話 03(6808)8801（代）　FAX 03(5364)5310
	編集部 03(6808)8806
	http://www.jresearch.co.jp
印刷所	（株）シナノパブリッシングプレス

ISBN978-4-86392-019-4　　　　　　禁無断転載。なお、乱丁・落丁はお取り替えいたします。
©Michael Critchley 2010 All rights reserved.